ENCYCLOPÉDIE-RORET

—

CHANDELIER

ET

CIRIER

—

TOME SECOND.

AVIS.

Le mérite des ouvrages de l'**Encyclopédie-Roret** leur a valu les honneurs de la traduction, de l'imitation et de la contrefaçon. Pour distinguer ce volume, il porte la signature de l'Éditeur, qui se réserve le droit de le faire traduire dans toutes les langues, et de poursuivre, en vertu des lois, décrets et traités internationaux, toutes contrefaçons et toutes traductions faites au mépris de ses droits.

Le dépôt légal de ce Manuel a été fait dans le cours du mois d'août 1870, et toutes les formalités prescrites par les traités ont été remplies dans les divers états avec lesquels la France a conclu des conventions littéraires.

MANUELS-RORET

NOUVEAU MANUEL COMPLET

DU

CHANDELIER

ET

DU CIRIER

TRAITANT

DE LA FONTE ET DE L'ÉPURATION DES SUIFS
DE LA FABRICATION ACTUELLE DES CHANDELLES
COULÉES OU TREMPÉES

ainsi que de celle

DES CIERGES ET DES BOUGIES DE CIRE

Par M. **L.-Séb. LENORMAND**.

NOUVELLE ÉDITION

Corrigée, refondue et augmentée
de la description des nouveaux Procédés et des nouvelles machines
en usage dans l'industrie du Chandelier et du Cirier.

Par M. **F. MALEPEYRE**.

OUVRAGE ACCOMPAGNÉ DE NEUF PLANCHES
GRAVÉES EN TAILLE-DOUCE.

TOME SECOND.

PARIS

LIBRAIRIE ENCYCLOPÉDIQUE DE RORET
RUE HAUTEFEUILLE, 12.
1870

Droits de reproduction et de traduction réservés.

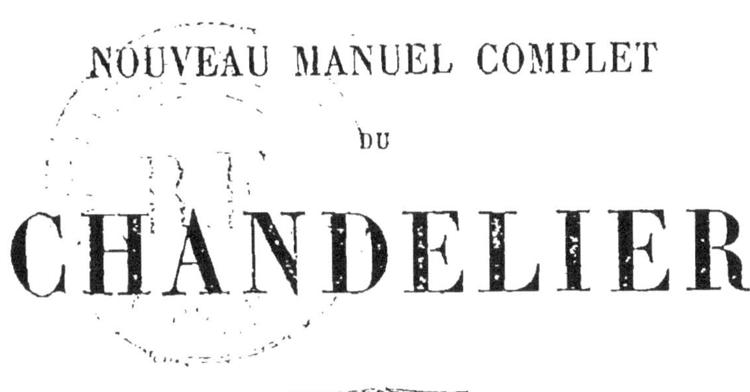

NOUVEAU MANUEL COMPLET

DU

CHANDELIER

CHAPITRE VII.

PROCÉDÉS DIVERS RELATIFS A LA FABRICATION DES CHANDELLES.

Pour ne rien laisser à désirer sur l'art qui nous occupe, nous allons, dans ce chapitre, réunir divers procédés qui sont venus à notre connaissance, sans en garantir l'efficacité. Les chandeliers, jaloux de perfectionner leur fabrication, peuvent faire des essais qui heureusement ne sont pas dispendieux, et qui pourront les amener à des résultats avantageux ou à des découvertes précieuses. *Tentare non nocet* est un vieil adage qu'il est souvent utile, dans les arts industriels, de mettre en pratique. Combien de fois n'est-il pas arrivé qu'en faisant des essais, même infructueux pour le but que l'on avait en vue, on a été conduit à des découvertes remarquables auxquelles on ne se serait pas attendu. Manufacturiers industrieux, multipliez donc vos expériences, et surtout tenez note, dans un registre destiné à cela, de tous les essais que vous faites, afin d'y recourir au besoin : ces notes vous serviront souvent à vous faire connaître des erreurs dans lesquelles vous seriez précédemment tombés, et que vous ne répéterez pas, ou bien à poursuivre une expérience qui ne vous aurait pas d'abord réussi, et que par un second essai vous trouvez le moyen de rectifier.

ARTICLE Ier. — **Traitement des suifs**.

1° On a proposé, pour blanchir le suif pendant la fonte, plusieurs recettes que M. Lenormand a répétées en petit, c'est-à-dire sur 1/2 kilogramme de suif à chaque expérience. Voici les résultats qu'il a obtenus :

1° En donnant le *filet* avec l'eau saturée de chaux, il a obtenu un suif très-blanc, mais il avait acquis une très-mauvaise odeur. Nous avons ajouté à cette eau saturée différentes proportions d'eau pure, afin d'en diminuer la force ; la mauvaise odeur se manifestait d'autant moins que l'eau de chaux saturée s'y trouvait en moindre quantité. L'eau de chaux doit donc être rejetée.

2° 120 grammes d'*alun* dissous à chaud dans un litre d'eau est la proportion la plus convenable pour donner le *filet* pendant la fonte. Il en résulte le raffermissement du suif et sa prompte clarification. Le procédé qui nous a le mieux réussi dans l'emploi de l'alun, consiste à piler bien fin l'alun, à le passer au tamis de soie, et en saupoudrer le suif, au moment où il commence à fondre, dans la proportion de 120 grammes par chaque litre d'eau qu'on emploie pour le filet. On ne saupoudre pas l'alun dans une seule fois, mais en quatre fois, à une distance d'un quart-d'heure l'une de l'autre ; on le saupoudre en le faisant passer à travers le tamis. L'alun, en traversant le suif, entraîne les impuretés, et il va se dissoudre dans l'eau du filet.

3° La *crême de tartre*, employée de la même manière que l'alun, produit encore un meilleur effet. Ce sel doit être en poudre très-fine; on doit y mêler le quart de son poids de *borax calciné*, pilé, tamisé et mêlé exactement avec la crême de tartre, et jeté sur le suif, après un parfait mélange, à l'aide du tamis. Le borax uni à la crême de tartre rend cette dernière soluble dans l'eau du filet lorsqu'elle y arrive, ce qui est important. Le suif qu'on retire, après cette préparation, est blanc et sec.

Pour obtenir des chandelles d'une meilleure qualité, on a proposé divers moyens : 1° de faire fondre le suif sur un feu de charbon, après y avoir ajouté un quart de son poids d'eau, et en remuant toujours pour empêcher qu'il ne noircisse.

Le suif se compose de parties égales de graisse de bœuf, de mouton ou de chèvre. Pour les chandelles coulées, on prend plus de graisse de bœuf, et pour les chandelles moulées, plus de graisse de mouton et de chèvre. La graisse des rognons est la meilleure, mais la vieille graisse fétide ne donne jamais de bonnes chandelles.

On prend donc 12 kilog. de bon suif coupé en petits morceaux, et on les met dans une cuve d'eau bouillante; au fur et à mesure que l'eau s'évapore, on la remplace par d'autre, on passe toute la masse par un linge, après quoi on fait bouillir le suif pendant une demi-heure dans deux litres d'eau de fontaine, dans laquelle on a fait dissoudre 50 gram. d'alun, 65 gram. de potasse et 255 gram. de sel commun.

Lorsque le suif est fondu, on le passe à travers un

linge après qu'on y ajouté la même quantité d'eau ; plus, sur 4 kilog. de suif, 15 grammes de salpêtre, autant de sel ammoniac et 30 grammes d'alun, le tout en poudre. On fait bouillir ce mélange jusqu'à ce qu'il ne se forme plus de bulles, et que la surface demeure unie, ou qu'on aperçoive au milieu une place transparente de la largeur d'une pièce de 5 fr. On le laisse alors refroidir, on le sort en pain de la chaudière ; pour le débarrasser de la crasse qui s'est précipitée, on le fait fondre de nouveau avec 10 grammes de nitre purifié, et après l'avoir laissé un peu bouillir, on en enlève l'écume brune qui monte à la surface.

D'après ce dernier procédé, on assure que les chandelles durent deux heures de plus que les chandelles ordinaires.

2° On fait bouillir, suivant M. N.-H. Manicler, 200 kilogrammes de suif avec 71 litres d'eau, dans un vase clos muni d'une soupape, pouvant résister à la pression d'environ 1 kilogramme au centimètre carré ; le suif, maintenu à la même température pendant environ six heures, est retiré et coulé à 30°22 centigrades environ, en couches qui n'excèdent pas 14 millimètres d'épaisseur, sur des draps serrés ou des feutres, tous de même grandeur. Quand le suif devient dur, on plie chaque feutre les coins en dessus ; on les empile et on les place sous un poids d'environ 500 kilogrammes. Après une heure, on ajoute un poids de 500 kilogrammes, et après deux heures, un autre poids de 500 kilogrammes ; c'est-à-dire qu'on les soumet à l'action d'une presse dont on augmente la pression graduellement ; et dans ce rapport, on laisse le tout à une température d'environ 27 à 28° C., pendant au moins quatre heures.

On retire alors les feutres, on sépare les pièces en enlevant les morceaux qui ont été inégalement pressés, on place les rognures dans le milieu des pains, et on les enferme dans les feutres comme auparavant, pour les soumettre à l'action d'une presse hydraulique dont on augmente successivement la force jusqu'à ce qu'on ait exprimé toute la matière huileuse du suif.

Jusqu'ici l'on s'aperçoit que c'est exactement le procédé indiqué par M. Braconnot; mais voici ce qui est nouveau :

On enlève de leurs enveloppes les pains, qui sont devenus extrêmement cassants, on les brise et on les refond à la vapeur; on y incorpore de la cire ou de l'huile de lin préparée dans le rapport d'environ 10 kilogrammes pour 100 de suif. Si l'on préfère l'huile d'olive, il faut l'avoir concentrée préalablement par l'ébullition et portée à la consistance de la térébenthine : la quantité à employer dépend de la nature du suif et de celle de l'huile.

Pour préparer l'huile, on la chauffe dans un vase ouvert, on enflamme le gaz qui s'en dégage, et on laisse le tout jusqu'à ce que l'huile soit réduite à un tiers de son volume; on l'expose à l'action de l'air pendant un mois avant de s'en servir.

Les matières ayant été fondues à la vapeur sont soumises, pendant trois ou quatre jours, à l'action du chlore et agitées fréquemment pendant ce temps dans un vase muni d'un carreau de vitre, pour qu'on puisse voir dans l'intérieur.

On fait alors bouillir pendant six heures le suif dans l'eau pure avec environ un dixième de charbon animal nouvellement préparé, et l'on filtre à travers des feutres à 35° C.

M. Manicler propose aussi de fondre le suif à la manière ordinaire, de mêler pour cela une partie d'essence de térébenthine avec six de suif, et d'exprimer directement.

On peut reprendre l'huile dont se sont imprégnés les feutres, en les tenant pendant quelque temps dans l'eau bouillante; l'huile se sépare, vient à la surface, on l'enlève avec des cuillers; elle peut servir à brûler, à faire du savon, ou à d'autres usages auxquels on emploie l'huile animale.

On conçoit que les chandeliers doivent se tenir en garde contre ce procédé, que la théorie nous montre comme défectueux.

3° Deux obstacles principaux, suivant M. Fontaine-Moreau, s'opposent à l'emploi des chandelles; le premier et le plus sérieux est la putréfaction, le second est le manque de dureté du suif. On peut arriver à remédier à ces inconvénients en ajoutant au suif un mélange d'essence de térébenthine rectifiée et fécule de pommes de terre, l'essence de térébenthine empêchant la putréfaction et la fécule donnant au suif de la dureté.

Les matières doivent être employées dans les proportions suivantes : on ajoute, à 1,000 parties de suif ayant huit jours de fonte, 2 ou 3 parties en poids d'essence de térébenthine rectifiée, 13 parties de fécule et 12 de camphre. On fond d'abord le suif avec l'essence, puis on y incorpore petit à petit la fécule et le camphre.

Ce procédé, qui soulève de graves objections, ne paraît pas susceptible d'un examen sérieux.

4° M. Lhonoré a pris, en 1855, un brevet d'invention pour la préparation d'un produit qu'il appelle suif chimique, qu'il destine, entre autres usages, à la fabrication des chandelles. Voici la manière de préparer ce produit.

Le suif naturel fondu et clarifié sans le secours des acides, est décanté à 60° de chaleur dans un bassin en cuivre étamé, de forme oblongue, à bords évasés. Pour 100 kilogrammes de ce suif, on ajoute par petites portions 25 kilogrammes d'oxyde de zinc du commerce, connu sous le nom de *blanc de neige*, et en même temps on agite le mélange avec une écumoire de forme oblongue en cuivre étamé de la hauteur et la largeur du bassin.

Lorsque le mélange est bien intime et qu'il paraît s'attacher au bassin, on le verse dans des jalots pour en faire des pains d'environ 10 kilogrammes.

Quand on traite des suifs mous, on augmente la proportion de l'oxyde de 5 à 10 pour 100, suivant la nature du suif.

Le suif chimique est, suivant M. Lhonoré, bien supérieur au suif naturel pour graisser les machines à vapeur.

On applique aussi le suif chimique à la fabrication de la chandelle dite chimique. La fonte et la clarification du suif ordinaire étant opérées par les procédés en usage, on décante ce suif dans un bassin semblable à celui dont il a été question ci-dessus, puis on ajoute 8 pour 100 de suif chimique fondu et ne contenant que 25 pour 100 d'oxyde de zinc; on brasse bien le mélange jusqu'à ce qu'il soit arrivé au point où l'on puisse mouler les chandelles ou les fabriquer à la baguette.

Le mélangé opéré, il n'y a aucun changement à faire dans la fabrication, qui même devient, d'après M. Lhonoré, plus facile, car le suif se refroidit plus promptement.

L'expérience a prouvé, suivant l'inventeur de ce procédé, qu'avec les mêmes mèches, la chandelle chimique éclaire deux fois plus que les autres sans se consumer plus vite; elle n'est pas grasse au toucher, rivalise de blancheur avec la stéarine et peut être vendue au même prix que la chandelle ordinaire.

ARTICLE II. — Mèches.

On prescrit d'employer des mèches moitié fil de lin ou de chanvre et moitié fil de coton, qu'on trempe dans un mélange d'alcool tenant du camphre en dissolution, et du suif.

Les chandelles faites d'après ces deux procédés réunis, ont l'avantage, assure-t-on, de ne pas couler et de durer le double des autres. Nous n'avons pas été à même d'en faire l'expérience.

On a introduit, depuis quelques années, à Munich, la fabrication des chandelles à mèches de bois. Ces chandelles donnent la même quantité de lumière qu'une bougie; elles brûlent avec un flamme égale et constante; elles ne pétillent point et ne coulent jamais. Quoique les fabricants en fassent mystère, afin de conserver à leur ville cette branche de commerce, un professeur d'Heidelberg nous a communiqué le procédé qui, selon nous, est plus curieux qu'utile : nous allons le transcrire.

« La seule différence entre ces chandelles et les chandelles ordinaires consiste dans la mèche qui est en bois enveloppé d'un tissu de coton brut. Toute espèce de bois résineux peut servir à cet usage, mais on préfère le sapin rouge fraîchement abattu, parce que les huiles essentielles qu'il contient n'ont pas eu le temps de s'évaporer. On choisit les pousses d'une année, on en ôte l'écorce, on les gratte légèrement avec un couteau, pour faire disparaître les aspérités ; on les laisse sécher ensuite. Il ne faut pas qu'elles soient plus grosses qu'une paille. Les paysans les apportent ainsi préparées à la ville.

« Le fabricant fait carder le coton extrêmement mince ; il le fait passer entre les rouleaux d'un laminoir qui l'aplatissent beaucoup ; il roule la mèche sur ce coton, dont il l'enveloppe parfaitement, et la trempe dans la cire pour consolider le coton. Il place cette mèche dans le moule, de la même manière que les mèches de coton. Il faut avoir soin qu'il n'y ait aucune inégalité sur les tiges de bois, pas plus que dans le coton. »

On ne voit pas de grands avantages à substituer le bois au coton ; cette dernière substance n'est pas d'un grand prix, et la manipulation que les mèches de bois nécessitent doit égaler au moins le prix du coton, si elle ne le surpasse pas. Nous avons cru devoir faire connaître cette innovation, afin de ne rien laisser en arrière ; mais nous sommes bien éloigné de la proposer comme un perfectionnement.

M. Robin s'est beaucoup occupé des mèches creuses dans lesquelles un courant d'air active la combustion et brûle la partie charbonneuse de la mèche ; mais pour éviter que le suif ne coule et n'obstrue la cavité de cette mèche qu'il fabrique sur un fuseau ou mandrin, il l'enduit intérieurement d'une substance moins fusible que le suif, par exemple d'un mélange de suif, de cire ou de stéarine avec du sel ammoniac ou du carbonate d'ammoniaque, ou bien on tapisse tout l'intérieur avec un papier légèrement enduit d'une matière qui empêche le suif fondu de filtrer à travers.

M. Jourdan-Gozzarino a cru pouvoir fabriquer des chandelles qu'on ne mouche pas à flamme régulière, ne vacillant pas, ne coulant pas pendant la combustion, et ne se consumant pas plus vite que celles ordinaires, au moyen de deux ou plusieurs mèches tressées chacune comme celle de la bougie, et disposées de manière que, pendant la combustion, elles se courbent en sens opposé, se frisent et tombent en cendre ; mais, comme cette disposition pourrait faire couler la chandelle, il y obvie en établissant sur la surface de cette chandelle une rondelle en molleton, laine ou coton, percée à son centre et d'où sortent les mèches. Cette rondelle est plongée dans le suif fondu, et on la fixe aussitôt sur la chandelle à sa sortie du moule.

ARTICLE III. — Moules et démoulage.

Section I. — MOULES DE LEMÉE ET MOULES DE DEUX PIÈCES.

M. Lemée, de Saint-Brieuc, s'est fait breveter pour 15 années, en 1855, pour une disposition nouvelle de moules à chandelles permettant de graisser facilement leur intérieur, d'en retirer sans peine les chandelles, c'est-à-dire de pouvoir fabriquer les chandelles à sec en tout temps, chose qui ne peut avoir lieu avec les moules qu'on emploie généralement.

M. Lemée, pour obtenir ce résultat, fait ses moules de deux pièces qu'on réunit par un mode de fermeture quelconque. Le moule se compose donc de deux moitiés qui, quand elles sont rapprochées, présentent à l'intérieur exactement la même forme qu'un moule ordinaire. Pour réunir ces deux parties d'une manière fixe, il applique dessus trois viroles qui, en raison de la forme légèrement conique du moule, peuvent se serrer au degré voulu en les chassant plus ou moins avant sur ce dernier.

On conçoit combien, par une telle disposition, il est facile de graisser l'intérieur des deux moitiés du moule avec un tampon très-peu imprégné. On graisse sûrement partout sans graisser trop. La mèche se dispose comme à l'ordinaire dans le trou et avec beaucoup de facilité.

La chandelle coulée dans ce moule étant suffisamment refroidie, on chasse les viroles et on sépare les deux moitiés, ce qui permet de retirer la chandelle à sec, c'est-à-dire sans employer la vapeur, et cela en tout temps et en toute saison.

Pour enlever les viroles, on pose les moules de telle façon que la virole supérieure soit prise par sa bride dans une pièce et au moyen d'un morceau de bois on chasse les autres à la main.

On pourrait d'ailleurs faire opérer mécaniquement cette ouverture des moules.

On a fait aussi des moules de deux pièces qu'on réunit et serre l'une sur l'autre par des moyens variés, afin, dit-on, de faciliter l'introduction des mèches et le démoulage.

Section II. — DÉMOULAGE DE COWPER.

On éprouve souvent de très-grandes difficultés pour faire sortir les bougies et les chandelles des moules où elles ont été coulées, même quand, pour favoriser ce démoulage, on emploie divers moyens physiques connus. M. Cowper propose, pour cet objet, de faire usage de l'air atmosphérique soumis à la pression qu'on injecte dans le moule et qui, en pressant sur le bout mince de la chandelle ou de la bougie la chasse aisément hors du moule.

La figure 29, pl. 7, présente une section verticale de la disposition qu'il a inventée pour cet objet.

A, A, moule portant une cuvette B par le haut pour recevoir le jet de matière fondue et chargé d'une chandelle C, C. Cette chandelle est supposée refroidie dans le moule et prête à en être chassée par l'application de l'air comprimé; D, bouchon inséré sur l'extrémité de ce moule et destiné à donner la forme requise à la partie supérieure de la chandelle; ce bouchon est fileté sur la plus grande partie de sa longueur et s'adapte dans la partie inférieure du moule qu'on a taraudée pour cet objet. Dans le bas, ce bouchon porte une tête aplatie, afin de pouvoir le faire monter ou descendre à la main; sou diamètre se rétrécit un peu par le haut et est terminé par une partie conique très-courte qui s'adapte dans une partie de même forme du moule. Au centre, il est percé d'un trou pour le passage de la mèche.

Sur la partie postérieure du moule est adapté un tuyau E pourvu d'un robinet F sur le côté, par lequel on introduit l'air qui a été comprimé par la pompe G.

Pour extraire une chandelle ou une bougie du moule, on fait légèrement descendre le bouchon D pour qu'il se forme un petit espace vide entre son extrémité et celle de la chandelle, on ouvre le robinet F et l'air, comprimé par la pompe, s'élance, soulève et chasse celle-ci hors du moule.

La pompe G est pourvue d'une soupape de sûreté H qui laisse échapper l'air lorsque le robinet F est fermé et que cette pompe fonctionne.

Aussitôt que la chandelle a été chassée du moule, ainsi qu'on l'a expliqué, on relève le bouchon D, on ferme le robinet F, on met une mèche en place et on emplit de nouveau ce moule à la manière ordinaire.

Dans ce système, on peut disposer les moules, comme on l'a pratiqué jusqu'ici, pour être chauffés par l'air chaud, la vapeur ou l'eau chaude, ou tout autre mode de chauffage. On peut aussi laisser refroidir spontanément la bougie ou la refroidir par l'application à l'extérieur du moule, de l'air froid, de l'eau froide, ou par toute autre moyen, et, quand elle est suffisamment ferme et froide, la chasser par le moyen décrit.

On n'a représenté dans la figure qu'un seul moule, mais il est évident qu'on peut en combiner un certain nombre dans un même appareil pour recevoir l'air soumis à la pression par une même pompe ; dans ce cas, il faut qu'il y ait un robinet pour chaque moule afin d'exercer un contrôle particulier sur chacun d'eux.

ARTICLE IV. — **Chandelles enrobées.**

Nous avons déjà eu l'occasion de citer quelques exemples de chandelles enrobées avec des matières plus fermes et d'un plus haut prix que le suif, nous rappellerons ici quelques procédés de ce genre de fabrication proposés à diverses époques :

1° M. Ch. Bulkeley, de Londres, s'est fait breveter en 1830, pour la manière d'opérer que voici :

Pour fabriquer des chandelles de suif, de spermaceti, d'adipocire, etc., et revêtues de cire ou d'une composition de cire et de suif ou de cire ou de spermaceti, ou ensemble de ces trois matières.

Les moules sont chauffés à une température modérée, et la cire ou la composition (dont les proportions des matières peuvent être variées à volonté) qui est destinée à former l'enveloppe de la chandelle étant arrivée à une fusion convenable, on la coule dans les moules, en remplissant également l'auge comme pour les bougies, et lorsque les globules d'air cessent de monter à la surface, on plonge soudainement le châssis avec les moules dans de l'eau froide, presque jusqu'au niveau de l'orifice des moules.

Dans cette position, il faut minutieusement observer comment la matière se fige sur la surface intérieure des moules ; et, lorsque l'épaisseur désirée, pour servir d'enveloppe à la chandelle de suif, etc., est formée, on enlève le châssis avec les moules, et le retournant sens dessus dessous, on verse, dans un récipient quelconque la matière qui y est restée en état de liquéfaction.

Le pourtour intérieur des moules restant ainsi garni de cire ou de composition en forme de tube, on râ-

tisse l'auge proprement jusqu'à l'orifice des moules,
et ensuite on place le châssis avec les moules dans de
l'eau froide ou glacée, et l'on y coule le suif, spermaceti, ou autres matières combustibles, fondues au degré convenable pour ne point détruire l'enveloppe de
cire ou de composition qui les reçoit. Dans le grand
froid d'hiver, on n'aura pas besoin de bain d'eau
froide ou glacée; dans les saisons tempérées l'eau de
puits suffira; dans les grandes chaleurs l'eau à la
glace sera préférable.

L'extraction des moules de ces chandelles, revêtues
d'une enveloppe d'une autre matière que le corps intérieur, s'opère de la même manière que pour les
bougies.

2° M. B.-F. Joslyn a imaginé en 1842 de fabriquer
des chandelles avec une légère enveloppe de cire qui
les empêchait de couler et permettait d'y employer
les mèches des bougies, de façon que les mouchettes
étaient inutiles et qu'il n'y avait plus d'exhalaisons
fumeuses. Ainsi brûlé, un kilogramme de suif donne,
selon lui, plus de lumière qu'un kilogramme de cire.
La seule objection à élever contre ces chandelles, c'est
qu'il se formait au sommet un godet rempli d'une
assez grande quantité de suif fondu qui se déversait
aisément, quand on les maniait sans précaution.

Le suif fond à une température si basse que la
chaleur le met en fusion sur une assez grande hauteur de chandelle; l'attraction capillaire d'une petite
mèche ne suffit plus pour pomper tout le suif ainsi
liquéfié et donner une bonne lumière et il faut avoir
recours à une mèche plus grosse; mais une mèche
plus grosse ne se courbe pas pour sortir de la flamme
et être inpinérée par l'oxygène de l'air et il devient

alors nécessaire de moucher. D'un autre côté, si l'enduit de cire est très-léger, il fond au moment opportun, maintient le suif fondu de manière que la flamme peut brûler près de sa surface avec une petite mèche dont l'attraction capillaire suffit pour pomper en quantité suffisante le suif en fusion, pour donner une flamme claire et lumineuse.

3° M. Smith, de Londres, employait en 1864, pour ses moules des feuilles métalliques très-minces qu'il courbait pour leur donner la forme que doit avoir la chandelle ou la bougie.

Fig. 13, pl. 7, moule dont la partie inférieure présente un rebord destiné à recevoir le godet mobile d; en poussant ce godet au moyen d'un bouton, on fait sortir la bougie du moule.

La tige e sert à ménager une ouverture centrale dans laquelle on fait passer une mèche sèche.

On place les moules dans de l'eau chaude, aussitôt qu'ils ont été remplis de la matière, et on les y laisse refroidir graduellement.

Les chandelles peuvent être recouvertes d'une substance qui modifie leur aspect; pour cela on remplit les moules avec la matière en fusion qui doit former l'enveloppe; on les plonge aussitôt dans de l'eau froide pendant une ou deux minutes, afin de faire figer une couche mince de matière qui reste adhérente à la surface intérieure du moule. Cela fait, et après avoir fait écouler la matière non encore figée, on remplit de nouveau le moule avec la matière qui doit former le corps de la chandelle ou de la bougie, les moules sont plongés une seconde fois dans l'eau froide pour empêcher la fusion de l'enveloppe.

On laisse le moule dans ce bain réfrigérant pendant deux ou trois minutes, suivant la température de l'eau : on retire alors les moules et on les place dans un milieu réfrigérant dont la température environnante soit à 21°10 centigrades.

M. Smith obtient la combustion régulière des chandelles ainsi fabriquées au moyen de capsules métalliques représentées dans les figures 6, 7, 9, 10, 11 et 12.

La figure 10 présente la vue horizontale de la surface supérieure d'une capsule simple qui doit être placée sur le haut de la chandelle ou bougie.

Dans certains cas, il y a de l'avantage à fixer à cette capsule un tube circulaire ou elliptique en verre, mica ou talc, ou autre substance transparente ou demi-transparente pour servir de verre ou de cheminée.

Ce tube est soutenu par des croisillons partant de la capsule, comme on le voit, fig. 10, 11, 12.

La capsule peut aussi recevoir un tube métallique fixé à son centre, et soutenu par de petits bras pour supporter une mèche courte saturée de matière oléagineuse.

4° C'est un fait connu depuis bien longtemps, dit le *Répertoire de Chimie*, que les bougies faites en acides gras solides préparés par distillation, et ayant presque toujours une légère teinte jaunâtre, sont enrobées d'une pellicule d'acide stéarique très-blanc. A cet effet, on se sert de jeux de trente moules montés ensemble sur un seul axe; on les remplit jusqu'à la cuvette, d'acide gras bien blanc et mêlé de 3 pour 100 de cire; aussitôt après, on fait basculer les moules, en sorte qu'il ne reste qu'une pellicule solidifiée, adhérente aux parois internes des moules. C'est dans ces moules, ayant reçu ce premier enduit, qu'on verse ensuite l'acide gras de nuance ordinaire.

On a essayé de pratiquer une opération semblable sur les chandelles en suif, dont la matière grasse se ramollit en été, devient onctueuse et désagréable au toucher, tache et coule facilement. Évidemment des chandelles en suif, revêtues à l'extérieur d'une couche enveloppante d'acide stéarique, seraient d'un aspect plus agréable et présenteraient à l'usage des avantages assez notables.

Mais on a rencontré une grande difficulté. Elle consiste en cette circonstance que l'acide stéarique ne se soude pas au suif; la contraction de ces deux substances se faisant, en outre, d'une manière différente, il en résultait que la mince enveloppe d'acide stéarique n'adhérait pas à la chandelle et s'en détachait avec la plus grande facilité. Nous décrirons plus bas le procédé de M. Tatum pour remédier à cet inconvénient.

Mais auparavant, nous dirons un mot d'un système d'enrobage imaginé par M. Lieven-Bauwens. Frappé des inconvénients de l'enrobage à l'acide stéarique, tel qu'on l'a pratiqué plusieurs fois, tel que le surcroît de place exigé par l'énorme quantité des moules, la difficulté de refroidir les moules et la nécessité de couper de longueur, M. Bauwens emploie une caisse à vapeur en bois où il chauffe les moules à la vapeur. Il se sert de moules en bois en usage en Angleterre, et les porte-moules étant chauds, il les glisse dans une caisse à bascule, et lorsqu'on les a remplis de la robe et que la matière commence à se figer, on fait basculer la caisse, et les moules se vident dans un bassin d'étain en conservant une croûte légère de matière adhérente à leur intérieur. On redresse bientôt après la caisse par un mouvement contraire, on retire le porte-moules et on le transporte sur une table basse en bois où on remplit les moules de la matière qui doit faire l'intérieur de la chandelle.

Dès que la croûte qui recouvre intérieurement les moules est suffisamment figée, on enlève le culot au moyen d'une spatule ou d'un couteau de bois dur en coin très-aigu, en ayant soin de ne rien laisser à la base de la chandelle, et cette manipulation qui met les chandelles de longueur, dispense de les couper à la scie ou autrement.

Enfin, quand les chandelles sont terminées, on les lave et les polit comme les bougies stéariques.

5° On peut aussi fabriquer ces sortes de chandelles enrobées par divers procédés; par exemple, M. Binet a fait en 1848, des bougies creuses en retirant le fosset qui touche la tête du moule au moment où l'acide stéarique vient d'être coulé, une assez grande quantité s'échappe à l'instant par le trou de fosset, et il reste dans le moule un tube creux qu'on peut remplir de suif. Il a fait aussi de ces chandelles plaquées en renversant le moule pour laisser échapper la matière et obtenir un tube creux, et c'est ce moyen qu'emploient quelques fabricants. Il a aussi songé à introduire un tube plein ou une broche en métal ou en bois dans l'acide, soit au moment où il vient d'être coulé dans le moule, soit avant de couler, afin d'obtenir un vide dans le centre; mais alors le démoulage s'opère mal.

Le vidage ou le renversement du moule présente, dit M. Binet, un inconvénient, c'est qu'il est impossible de se rendre compte de la quantité de matière qui forme le tube et de sa distribution; tantôt l'enveloppe est trop mince, tantôt elle est trop épaisse, soit parce que le moule est trop chaud ou trop froid, soit que la matière se fige plus ou moins promptement. Le même inconvénient se reproduit si le retrait du fosset ou le renversement ont lieu trop tôt ou trop tard. Enfin un autre inconvénient résulte encore de l'irrégularité dans la proportion du mélange; comme elle est inconnue, la combustion s'opère mal, parce qu'il n'est plus possible de savoir quelle est la mèche qu'il faut appliquer.

Il ne faut pas songer à tremper la matière inférieure dans un bain de matière d'une qualité supérieure, ainsi qu'on l'a pratiqué longtemps pour les chandelles.

Pour plaquer des chandelles en acide stéarique, M. Binet a imaginé un moyen qui permet de les fabriquer d'une manière plus régulière; voici la description de ce moyen.

On coule la matière qui doit former l'enveloppe extérieure, autrement dit le placage, par les moyens ordinaires, mais sans mettre de mèches dans les moules qui sont garnis à la tête d'une pointe destinée à faire un trou qui doit servir plus tard à passer la mèche. Lorsque la matière est refroidie, on démoule les bougies, on sépare les culots, et on porte ces bougies au forage qui s'exécute à l'aide d'une machine dont on trouvera la description dans le t. 12, p. 214, de la *Description des brevets d'invention*, et *la figure*, pl. 40, fig. 21 et 21', et qui perce la bougie dans sa longueur, au moyen d'un foret, d'un trou cylindrique d'un diamètre plus ou moins grand.

Lorsque les tubes ont ainsi été amenés à l'épaisseur que l'on veut réserver au placage, on replace les bougies ainsi creusées ou forées dans les moules où elles sont remplies de suif à la manière ordinaire. On peut même employer un moyen plus simple, qui est de mettre le tube qui doit être rempli, dans un moule coupé d'une longueur de 6 à 8 centimètres au-dessus du culot; tronçon de moule qui est supporté sur une table trouée ou sur des tringles et coulant ensuite à la manière ordinaire, en ayant soin de boucher le trou fait à la tête du tube par un fosset. Le démoulage s'opère dès lors facilement en prenant la chandelle d'une main et la faisant sortir du moule tronqué par le haut du culot.

Le démoulage des bougies sans mèche sur formes, offre quelque difficulté, parce que la mèche ne vient plus aider dans ce cas à sortir les bougies. M. Binet a imaginé de construire des cadres de la grandeur du bassin des formes. Ces cadres portent, soit autant de culots que de bougies, soit autant de pointes garnies d'aspérités. Ces deux moyens rendent la matière de la bougie adhérente aux culots et permettent le démoulage de toutes les bougies.

L'enfilage des mèches se fait par les moyens ordinaires, et on coule la matière de qualité inférieure.

M. Binet dit encore qu'on peut fabriquer séparément les cylindres de suif ou matière inférieure destinée à remplir le vide intérieur des bougies et les introduire ainsi fabriqués dans les tubes forés à l'avance.

6° M. A. Field a proposé en 1869 de produire sur la surface des chandelles des rainures droites ou en hélice, qu'il remplit ensuite de cire, de stéarine ou de paraffine colorées ; mais ces chandelles doivent revenir à un prix élevé, et cependant ne présentent d'autre avantage que celui d'un aspect agréable.

7° M. Tatum a pris, en 1858, un brevet pour faire des chandelles robées, dans le but de lui donner un aspect fin et poli, et une composition plus compacte qui les empêche de couler en même temps qu'il les garantit de toute détérioration par leur ramollissement pendant les temps chauds.

Les chandelles fabriquées avec des matières premières de qualité inférieure qui peuvent fondre à une basse température, sont recouvertes d'un enduit qu'on compose de trois manières différentes.

Première composition.

Acide stéarique.	50 parties.
Suif.	44
Camphre.	3
Résine blanche.	2
Résine dammar.	1
	Total. . . . 100

Deuxième composition.

Acide stéarique.	70 parties.
Suif.	24
Camphre.	3
Cire blanche.	2
Résine dammar.	1
	Total. . . . 100

Troisième composition.

Acide stéarique.	90 parties.
Suif.	5
Camphre.	3
Cire blanche.	2

Total. . . . 100

Tous ces matériaux étant bien mélangés, les chandelles sont trempées successivement dans les trois différentes compositions qui diffèrent entre elles par la quantité d'acide stéarique et de suif employés. Les proportions d'acide stéarique augmentent de la première à la troisième composition, tandis que celles du suif diminuent; aussi chaque enduit qui est appliqué aux chandelles en augmente la dureté.

La première composition peut fondre à une température qui ne dépasse pas de beaucoup le point de fusion du suif, mais en trempant les chandelles de qualité inférieure dans cette première composition, elles se recouvrent et se combinent avec cet enduit pour former une substance plus dure et pouvant supporter une plus haute température.

La seconde composition n'est fusible qu'à une température supérieure à celle de la première, puisqu'elle contient plus d'acide stéarique et moins de suif.

La troisième composition est encore moins fusible que la deuxième.

Ces trois compositions forment un enduit fusible à une plus haute température que les chandelles. Si on applique trois enduits successifs au lieu d'un seul qui pourrait donner le même résultat, c'est parce qu'un seul enduit appliqué sur une chandelle molle ne tiendrait pas et s'écaillerait bientôt.

On ajoute du suif à l'acide stéarique pour le rendre plus doux, moins cristallisable et varier le degré de sa fusibilité. Le camphre, la cire blanche et la résine dammar empêchent la formation des agglomérations de l'acide, et donnent à la surface un poli dur et brillant. D'ailleurs le camphre augmente le pouvoir éclairant.

Chacune de ces compositions est fondue dans un vase convenable pour rendre le trempage très-facile, en les maintenant constamment à une certaine température où elles doivent rester bien liquides, condition nécessaire pour que les chandelles qu'on y trempe conservent une belle transparence.

On a déjà employé un vernis qu'on composait avec les résines dammar et blanche, et qu'on appliquait à la brosse sur les chandelles de qualité inférieure ; mais ce vernis s'écaillait et finissait par tomber, ce qui n'arrive pas, suivant l'inventeur, quand on emploie son procédé. D'ailleurs les chandelles ainsi enduites donnent une lumière plus belle, et comme la matière extérieure est moins fusible que celle intérieure, il se forme à la base de la flamme un petit bassin qui empêche la chandelle de couler.

ARTICLE V. — **Chandelles colorées.**

On trouve actuellement dans le commerce des chandelles colorées, et surtout des chandelles enrobées de cire ou bougies-chandelles de ce genre qu'on prépare en trempant ces chandelles dans une masse colorée en fusion, ou en les roulant dans la matière colorante en poudre très-fine.

Les couleurs qu'on emploie communément pour cet objet sont les suivantes :

Rouge. Cinabre ou sulfure de mercure, minium ou oxyde de plomb, racine d'orcanette et sang - dragon.

Jaune. Chromate de plomb ou jaune de chrome, réalgar ou sulfure d'arsenic, chromate de zinc, curcuma.

Vert. Vert de Schweinfurt, vert de Scheele, stéarate de cuivre, cinabre vert (mélange de chromate de plomb et bleu de Berlin).

Toutes ces couleurs, à l'exception de la racine d'orcanette, du sang-dragon et du curcuma, développant pendant la combustion des vapeurs nuisibles à la santé, et quelques-unes d'entre elles fort dangereuses, on comprend qu'on doit autant qu'il est possible s'abstenir de brûler ces produits colorés, surtout dans des lieux clos d'habitation, où les conséquences d'un empoisonnement pourraient se manifester avec des symptômes plus ou moins dangereux.

L'acide aloerésinique possède la propriété, quand on le fond avec la colophane, de donner une masse colorée en bleu intense, de manière que quelques décigrammes de cet acide et 40 grammes de colophane suffisent pour colorer en beau bleu un kilog. de suif.

M. E. Jacobsen a indiqué, en 1869, un moyen pour combiner les graisses avec le rouge d'aniline, afin de pouvoir en fabriquer des chandelles colorées. Voici ce qu'il propose :

Pour combiner les graisses et les huiles avec le rouge d'aniline, c'est-à-dire pour les colorer, on sépare de la fuchsine de commerce (arséniate de rosaniline) la rosaniline, en chauffant dans une lessive de soude étendue ou en faisant digérer dans l'ammoniaque, faisant sécher, puis ajoutant à de l'acide oléique (ou de l'acide stéarique en fusion) tant que celui-ci peut en dissoudre, ou bien en combinant ces deux corps dans le rapport des équivalents. Il faut éviter un excès d'acide oléique quand on veut colorer du vernis, parce que la dessiccation devient alors trop lente. L'oléate ou le stéarate de rosaniline se dissout aisément dans les graisses ou les huiles qu'il colore en rouge intense, même quand on l'y ajoute en très-faible proportion. Malheureusement ce rouge perd dans les graisses et dans les huiles beaucoup de son feu et devient bleu, probablement par l'action réductrice de l'acide gras. La stéarine colorée avec l'oléate ou le stéarate de rosaniline présente un rouge-bleu lavé.

L'alcool amylique (fusel, huile de pommes de terre) dissout en grande partie les couleurs d'aniline, et on pourrait ainsi colorer les matières grasses; mais l'odeur pénétrante et très-désagréable de ce fusel sera toujours un obstacle à cette application.

En général, il n'est pas facile de combiner les matières colorantes avec le suif. Ce mélange ne peut guère être opéré dans la chaudière, parce qu'on s'exposerait à des réactions qui feraient disparaître la couleur, ou parce que le mélange ne serait pas assez complet ni parfait pour donner des chandelles bien uniformément colorées. Dans ces divers cas, il vaut mieux n'opérer ces mélanges que dans les caques ou tinettes; mais alors il faut aviser au moyen non pas seulement de maintenir dans ces tinettes le suif à la température convenable, mais aussi de l'agiter constamment pour que la couleur s'y mélange complétement ou ne puisse s'y déposer.

Une tinette sur bain-marie, ainsi que le représente en coupe la figure 21, pl. 8, doit suffire pour cet objet. Cette tinette, pour plus de commodité, a une forme rectangulaire A, A, et elle plonge dans le bain-marie B, B dont on entretient la température par un serpentin de vapeur C. Au sein de ce vase descend un agitateur E, E qu'un engrenage d'angle D fait fonctionner. Un robinet de décharge F sert à extraire le suif qu'on agite jusqu'à ce qu'il ait pris, par l'addition de la couleur, la teinte convenable et que cette teinte soit bien uniforme. Ce résultat obtenu, on soutire le suif coloré et en coule les chandelles.

ARTICLE VI. — **Chandelles de stéarine.**

M. Bernard, de la Nouvelle-Orléans, a pris, en 1847, un brevet de 15 ans pour un nouveau procédé de fabrication des chandelles moulées et à la baguette qui repose sur des appareils et des dispositions qui permettent, suivant lui, de mieux travailler, particulièrement en été, et de faire une très-grande quantité de bons et de beaux produits avec un matériel très-réduit.

Pour cela, on prend du suif en branche, et après l'avoir divisé, on le met tremper dans l'eau à peu près trois heures; on agite en tous sens afin de bien laver, on laisse couler l'eau et on la remplace par d'autre à laquelle on ajoute environ 500 grammes d'acide sulfurique par kilogramme de suif, et on laisse macérer 36 à 40 heures, en ayant soin d'agiter de temps à autre. Ce lavage n'a lieu que pour les premières qualités de chandelles.

L'eau étant écoulée, on met le suif dans une cuve dont le fond reçoit à son centre un tuyau terminé par une pomme d'arrosoir, et on introduit la vapeur à une assez haute température par ce tuyau pour fondre le suif en évacuant l'eau de condensation par un robinet à mesure qu'elle se forme.

Le suif fondu par cette méthode est, au bout de quelque temps de repos, aussi pur qu'on peut le désirer, mais si l'on veut obtenir des produits d'une qualité supérieure sans ajouter de la cire ou autre corps étranger, on fait chauffer ce suif au degré d'ébullition, on le décante dans l'appareil à extraction qui est une cuve cylindrique partagée au quart environ de sa hauteur par une toile métallique à mailles un peu larges supportée par un grillage en fer, disposé ainsi que la toile, de manière à pouvoir être monté et démonté promptement pour les nettoyages. Le fond de cette cuve est percé pour donner passage à la portion fluide, et latéralement la cuve est également percée d'une ouverture garnie d'un robinet et d'un petit trou pour la rentrée de l'air. Ce trou est ordinairement bouché par une cheville ainsi que le trou de fond.

On verse de l'eau bouillante dans la cuve jusqu'à la hauteur du grillage, puis on la remplit avec du suif bouillant et on la ferme avec un couvercle pour que le refroidissement s'opère avec lenteur. Pendant ce refroidissement, les parties dures ou la stéarine du suif se réunissent sous forme de globules, puis lorsqu'on veut extraire l'oléine ou portion fluide, on fait écouler l'eau par un robinet latéral et débouchant le trou d'air, puis quand l'eau est évacuée, on ferme cet orifice, on ouvre l'ouverture de fond qui verse l'oléine dans une rigole qui conduit à un réservoir. On arrête l'écoulement lorsqu'on a retiré assez d'oléine pour que les chandelles soient suffisamment sèches;

car plus on extrait d'oléine, plus le reste donne des produits de qualité supérieure.

Les produits restés sur le grillage peuvent être passés à la cuve à refondre, chauffée à feu nu ou à la vapeur et versés dans des moules. Cette cuve doit être assez grande pour clarifier le suif de 3 à 4 jours de travail, elle est fermée par un couvercle et en bois dans le chauffage à la vapeur, et en métal et bois pour le chauffage à feu nu.

Pour fabriquer la chandelle moulée, on réunit des moules sur de petites tables en nombre suffisant pour obtenir 2 à 3 kilogrammes de chandelles. Ces petites tables peuvent être transportées facilement pour la pose des mèches dans les moules, ainsi que pour les diverses opérations dont se compose le travail.

En hiver, il suffit de laisser un temps très-court la matière dans les moules avant de pouvoir la retirer, mais il n'en est plus de même en été et dans les temps chauds où il est presque impossible de travailler par les moyens ordinaires, parce qu'on ne peut retirer les chandelles des moules. M. Bernard, pour obvier à cet inconvénient, pratique dans l'atelier une glacière éloignée autant qu'il est possible du fourneau. Dans cette glacière sont des plans inclinés sur lesquels on fait descendre les tables porte-moules, lorsque ceux-ci ont été remplis. Ces petits porte-moules et cette glacière permettent de travailler avec un matériel extrêmement réduit, sur un espace moindre pour fabriquer une même quantité de chandelles.

Dans les localités où la glace est rare, on ferme complétement les porte-moules et on y fait circuler de l'eau à très-basse température.

Quant aux chandelles fabriquées à la baguette,

voici une disposition qui permet d'en réduire le prix de fabrication.

Sur une grande roue montée horizontalement sur un arbre vertical, on place un nombre quelconque de leviers, 8, 10, 12 ou davantage. Ces leviers sont placés dans le sens des rayons de la roue et maintenus par un centre de mouvement qui leur permet d'osciller autour de ce point; du côté de l'arbre, ces leviers sont articulés avec une tringle qui permet de les manœuvrer à volonté. Du côté opposé, ces mêmes leviers portent un châssis garni d'un nombre plus ou moins grand de mèches que l'on fait plonger dans un réservoir contenant du suif au degré voulu de fusion pour le travail. Une fois le châssis trempé, retiré et égoutté, on en présente un nouveau, et pour cela il suffit de communiquer un mouvement circulaire à la roue; on fait descendre ce châssis, on le relève, on en présente un troisième et ainsi de suite jusqu'à ce que les chandelles aient acquis la grosseur désirée.

Arrivées à ce point, les chandelles sont coupées par le bout inférieur. Ce coupage, pour être bien fait, nécessite du temps et du soin. On évite cette opération en faisant descendre, toujours au moyen du levier, chaque châssis sur une plaque métallique chauffée par un réchaud ou la vapeur. Cette plaque est pourvue tout autour d'une rigole pour recevoir le suif fondu qui peut être enlevé ou reçu dans un seau placé sous la plaque.

ARTICLE VII. — **Chandelles fabriquées à froid**.

M. Allman s'est proposé d'abord de fabriquer des chandelles à froid et avec des matières solides, ensuite de faire des chandelles avec une enveloppe ou robe en matières fines remplie de matières d'une qualité inférieure, et enfin, d'employer des fils métalliques pour fabriquer les chandelles à la baguette dans le but d'y adapter des mèches tordues.

Les matières propres à être employées à froid pour la fabrication des chandelles sont la cire, le spermaceti, la stéarine, l'acide stéarique et des mélanges de ces matières, mais il faut avoir soin qu'il n'y ait ni oléine ni acide oléique présents, parce qu'ils empêcheraient les matières de devenir solides quand on les soumettrait à la pression.

La figure 6, pl. 8, est une section longitudinale de la machine employée pour faire les chandelles à froid.

Cette machine consiste en un cylindre a, a qui contient les matières grasses. Ce cylindre est pourvu d'un chapeau hémisphérique b et enveloppé d'une chemise c, c ; il est maintenu dans la position convenable pendant la fabrication des chandelles, par les oreilles a', a' qui entrent dans des retraites verticales creusées dans la chemise c. Cette disposition permet d'enlever le cylindre quand il est vide et de le remplir de nouveau de matière grasse.

Sur le chapeau b est fixé un tube à travers lequel on fait passer par pression la matière grasse au moyen d'un piston e, afin de mouler la chandelle autour de la mèche f. Cette mèche est fournie par le dévidoir g ; elle passe de là sur une poulie de renvoi h qui la guide dans son passage à travers un conduit percé dans le collet du cylindre a, et dans la barre ou point i, d'où elle est introduite dans le tube d par l'ajustage conique j.

Le piston plein e est mis en action absolument de

la même manière que celui d'une presse hydraulique ordinaire, c'est-à-dire en refoulant de l'eau dans la cavité cylindrique k par le tube ou conduit l. Lorsqu'on veut le ramener en arrière dans la retraite m, afin de pouvoir relever le cylindre a pour le charger de nouveau, l'eau est évacuée par le passage n, et le piston ramené par le contre-poids o, suspendu à une corde p qui passe sur une poulie q (portée, par un bâti ou des dispositions convenables) et qui s'attache à la tige r de ce piston. Sur l'extrémité de ce piston est établie une garniture consistant en une rondelle emboutie d'acier s, fixée dessus par un anneau t chassé à chaud sur la rondelle. La pression qu'on exerce sur la matière grasse épanouissant la rondelle emboutie s, la presse sur la paroi du cylindre a de manière à former une garniture imperméable aux matières molles.

A mesure que le cylindre continu de matière grasse avec la mèche au milieu est poussé en dehors du tube d, il est découpé en pièces de longueur convenable pour faire des chandelles et on collette, c'est-à-dire qu'on forme le collet ou extrémité conique de chacune de ces pièces à l'aide de l'appareil représenté dans la figure 9.

Cet appareil consiste en deux couteaux courbes, fixés sur un chariot à l'extrémité de l'arbre u qui tourne entre deux poupées au moyen d'une courroie embrassant la poulie v; la chandelle est introduite par un trou percé dans le guide w et amenée entre les couteaux qui donnent à son extrémité la forme conique qui constitue le collet.

La figure 8 est une section d'un chapeau b qu'on applique sur le cylindre a de la figure 6 lorsqu'on veut faire des enveloppes ou robes pour les chandelles. Dans ce cas on fixe une tige cylindrique x dans le pont i; cette tige remplit presque en entier le tube d et ne laisse qu'un espace annulaire étroit à travers lequel la matière grasse est poussée par l'action du piston, qui la contraint à prendre ainsi une forme tubulaire.

Ce tube de matière grasse est coupé suivant des longueurs convenables, et chaque portion remplie d'une matière plus molle et d'une qualité inférieure au moyen d'un appareil qu'on a représenté dans la figure 7.

L'enveloppe ou robe a est placée dans un tube b avec l'extrémité inférieure reposant sur le fond en étain c qui est destiné à profiler le collet conique de la chandelle; la mèche qui s'élève du dévidoir d passe au centre de cette enveloppe et est assujettie sur le bras e; la boîte f qui entoure la robe est remplie d'eau froide, et les matières de qualité inférieure sont introduites à l'état de fusion dans cette robe. Lorsque le tout est refroidi et solide, la chandelle est enlevée de l'appareil.

La figure 5 présente un mode d'application des fils métalliques à la fabrication des chandelles plongées ou à la baguette.

a, a, sont des fils métalliques passant par des ouvertures percées dans la barre b et maintenus par des vis de pression c, c. La mèche est d'abord passée sur une des vis c, puis descend le long d'un des côtés du fil qui appartient à cette vis, entre dans une encoche pratiquée au bout de ce fil, remonte le long de l'autre côté, puis sur la vis c, ainsi qu'on le voit en B. De là, cette mèche est rejetée sur la vis suivante où elle suit la même marche. Lorsque tous les fils en métal sont chargés de mèches, on les fait tourner sur leur axe au moyen du disque *d* pour tordre celles-ci ainsi qu'on le voit en C. A représente le fil non chargé avec la mèche.

La plongée des mèches dans la matière grasse en fusion se fait à la manière ordinaire (la barre *b* étant suspendue aux deux bouts sur des pivots *e*), et lorsque les chandelles sont terminées, les mèches sont coupées en appliquant un couteau devant les retraites *f, f* dans la barre *b*.

ARTICLE VIII. — Chandelles à mèches mobiles, de **M. W. Roltz**.

Cette sorte de fabrication exige des formes particulières pour les chandelles ou bougies. Les formes sont représentées dans les figures suivantes. Elles peuvent varier à volonté, mais celles que nous allons faire connaître sont les plus ordinaires.

La première et la plus simple (fig. 23, pl. 2), est un cylindre solide, ou cône tronqué approchant beaucoup de la forme cylindrique. Ce corps doit être entièrement composé de la substance combustible, la mèche qui doit y être adaptée n'est introduite qu'à une époque postérieure, et lorsqu'on doit l'allumer.

Une autre forme donnée aux chandelles (fig. 24), est une pyramide tronquée, à base hexagonale. Cette forme extérieure peut être employée indistinctement, quelle que soit la structure intérieure de la chandelle. Elle présente en outre l'avantage de remplir les caisses de chandelles qui ne laissent aucun intervalle entre elles, et qui, par conséquent, sont plus propres à soutenir les chocs et les autres inconvénients du transport.

La troisième forme est un cylindre parfait (fig. 25), voyez-en la coupe (fig. 26), perforé à travers l'axe; le diamètre de ce trou est réglé sur la grosseur de la mèche. Pour l'usage ordinaire, on doit préférer une ouverture cylindrique; mais les chandelles elliptiques (fig. 27) ont un grand avantage. Leur ouverture doit être un parallélipipède a, b, pour recevoir une mèche très-large et très-mince, destinée à jeter une forte lame de lumière. On peut former ces sortes de chandelles par les moyens ordinaires; mais qu'on emploie une mèche mobile ou permanente, on trouvera qu'elles éclairent autant que trois chandelles communes.

La quatrième forme, et la dernière que propose M. Roltz de décrire, est celle que représente la figure 28. Elle est composée de deux parties, un cylindre intérieur a, et un cylindre creux extérieur b, duquel l'ouverture c a un diamètre plus grand de 4 millimètres que le cylindre intérieur. Ce dernier cylindre est entouré d'un anneau ou moulure autour de son fond, d'environ 25 millimètres de large, et assez épais pour remplir exactement l'ouverture a, et conserver ainsi une position concentrique, quand on l'y place comme en d (fig. 29). Cette position concentrique n'existe cependant que pour la partie inférieure; en effet, le long du reste du cylindre, l'interstice c doit être rempli par la mèche f, dont la forme annulaire produit une flamme mince, circulaire, dont l'aliment est formé à la fois par les cylindres intérieur et extérieur. Le poids g est suspendu à la mèche f. Cette chandelle ou bougie produit beaucoup plus de lumière, par cette disposition de mèche, que s'il était solide, et placé comme à l'ordinaire, au centre de la chandelle.

Cette dernière forme a la propriété remarquable de permettre l'accès d'un double courant d'air à la flamme circulaire ; en effet, si l'on forme le cylindre intérieur *a* (fig. 28) avec une ouverture dans son axe, comme en *h* (fig. 29), et qu'on y facilite l'introduction de l'air à travers le chandelier, et par le fond de la chandelle ou bougie, on produira évidemment un courant d'air à chaque côté de la flamme, et on donnera à ces bougies toutes les propriétés de la lampe d'Argand. On pourrait, si l'on voulait aller encore plus loin, par l'application d'une cheminée de verre autour des chandelles, donner plus de brillant et d'intensité à la lumière.

La figure 30 montre une forme à donner aux mèches, et qui est très-avantageuse ; on peut l'employer soit en y accrochant un petit poids par-dessous, comme *a* (fig. 26), dont la grosseur remplisse presque le trou cylindrique pratiqué au centre de la chandelle ou de la bougie, soit en employant un ressort à boudin placé dans le fond du chandelier dont nous parlerons plus bas, Chap. IV, de l'*Art du Cirier*. Elle ressemble assez à un chapeau à haute forme : la partie horizontale qui représente les bords, s'imbibe de la substance liquéfiée, la transmet à la partie qui forme proprement la mèche, et descend graduellement au fur et à mesure de la combustion.

La forme la plus ordinaire et la meilleure à donner à la mèche mobile, est représentée (fig. 31). La longueur totale de cette mèche est de 25 à 100 millimètres, suivant la longueur de la chandelle qui doit être consumée ; elle est imprégnée en haut de la substance dont on fait la chandelle, suffisamment pour faciliter la première ignition. On y suspend au-dessous un petit poids *a* (fig. 26), suffisant pour faire descendre la mèche au fur et à mesure de la combustion. Cette mèche est retenue à frottement par son collet *b* (fig. 31), dans le trou pratiqué dans l'axe de la chandelle ou de la bougie. Dans tous les cas, avec un peu d'attention, la mèche en combustion étant toujours alimentée par la matière liquéfiée, on n'aura jamais besoin de la moucher : il suffira, après une longue combustion, d'enlever adroitement le peu de charbon qui pourrait se trouver sur le haut de la mèche.

Ce nouveau système de fabrication de chandelles perforées dans leur centre, est propre, suivant M. Roltz, à amener des améliorations considérables dans la fabrication des chandelles ordinaires. On sent qu'on peut introduire des mèches dans des chandelles creuses avec plus de facilité que dans des moules, et qu'on y fait entrer les mèches sèches ou imprégnées, d'une manière plus homogène et plus centrale que par les moyens ordinaires : et personne n'ignore que cette dernière disposition influe beaucoup sur la bonté des chandelles. La meilleure manière d'introduire les mèches, est de n'en imprégner que 25 millimètres environ de suif ou de cire afin d'en faciliter l'ignition : le reste doit être sec. La mèche aura plus de facilité à boire la matière liquéfiée qui surnage dans le bassin environnant, et qui, dans les chandelles ordinaires, ne pouvant pas être absorbée, à cause de la trop grande densité de la mèche, déjà imprégnée, déborde et coule.

Un autre défaut dans la fabrication ordinaire des mèches consiste dans la torsion de la mèche, qui l'empêche d'être pénétrée par le fluide. Dans celles que recommande M. Roltz, les filaments sont placés longitudinalement; elles forment non-seulement par chaque fil un tube capillaire, mais par le vide que chaque fil laisse entre eux, autant de tubes capillaires qui facilitent l'ascension de la matière liquéfiée vers le point en combustion, ainsi que l'accès de l'air par le centre perforé; ce qui augmente considérablement le brillant de la flamme. L'application de ces mèches, après la fabrication de la chandelle, offre deux autres avantages :

1° La faculté de proportionner la mèche à la chandelle dans chaque opération, de sorte que dans la combustion de la chandelle il n'y ait de fondu que la quantité exacte de suif ou de cire nécessaire.

Ce point, qu'on peut regarder comme le plus essentiel dans la fabrication des chandelles, peut être déterminé en très-peu de minutes par des essais avec les mèches de différentes grosseurs, qu'on emploie sur des chandelles nouvellement fabriquées : le résultat de ces essais s'appliquera de suite à la fabrication en grand.

2° La faculté d'imprégner ces mèches sèches, avant leur introduction dans la chandelle, de certaines huiles et compositions chimiques qui tendront à accroître le brillant de la flamme, ou à répandre des odeurs aromatiques.

Il y a une immense variété de moyens pour fabriquer des chandelles ou des bougies sur ce nouveau principe. On peut les faire dans les moules ordinaires avec l'addition de l'appareil que nous allons décrire pour obtenir une perforation centrale. Il vaut mieux cependant les fabriquer en plusieurs tas de moules assemblés (fig. 34, pl. 1) sans intervalle, et disposés de manière à perdre le moins de place possible. Ces moules sont ouverts à chaque bout; quand on veut perforer les chandelles qu'on va mouler, on introduit un perçoir *a* (fig. 38), en fer, de la grosseur du trou, à un bout duquel on a placé un piston *b*, qui s'ajuste à vis au bas du perçoir. Ce piston n'est pas rond, sa forme est triangulaire comme on le voit à côté en *c*, qui en indique le plan, et remplit exactement le bout du moule; les trois entailles qu'on y aperçoit laissent la facilité au suif liquide de pénétrer dans le moule, comme on va le voir.

L'autre bout du perçoir porte un régulateur *d, d*, que l'on abaisse jusqu'à ce qu'il arrive à la hauteur du moule; par ce moyen on assure au perçoir une position vraiment centrale.

On introduit les moules, préparés comme nous venons de l'indiquer, et assemblés comme l'indique la figure 34, dans une caisse où ils puissent entrer juste, mais librement, dont les parois dépassent de 27 millimètres la hauteur des moules; on y verse du suif au degré de chaleur convenable, ainsi que nous l'avons expliqué plus haut (page 310 du tome 1), jusqu'à ce que les moules soient complétement submergés. Si l'on veut faire des chandelles d'une qualité ordinaire, on les laisse refroidir et on les tire au moyen du perçoir qu'on enlève en le prenant par la manche *e*, qui dépasse la hauteur du moule. On laisse la masse de suif qui reste entre les moules et l'auge, afin de tenir les moules fermés pour une opération subséquente.

Si l'on désire soumettre la matière fluide à l'action
d'une pression supérieure au moyen du vide, on
glisse l'auge aussitôt qu'elle est remplie dans une
caisse de fonte à laquelle est adapté un appareil
pneumatique avec une jauge et soupape de sûreté.
On ferme cette caisse hermétiquement, on la vide
pour extraire le fluide élastique qui peut se trouver
contenu dans la substance fondue, et l'on rend ensuite l'air pour rétablir l'équilibre en employant le
tube de condensation; on peut forcer l'air d'y entrer,
et condenser jusqu'à ce qu'on obtienne une pression
aussi forte qu'on le désire. Sous cette pression on
laisse refroidir la matière; elle acquiert alors un degré de solidité qui donne presque au suif la dureté
et la qualité de la cire.

Il sera peut-être inutile de se servir du vide, la
pression, en refroidissant l'air de la caisse, paraissant être l'objet le plus important et le plus facile à
exécuter. Nous pensons que ceci est plutôt une chose
de pure curiosité qu'un objet de fabrique en grand;
d'ailleurs si la pression est si utile, ne serait-il pas
beaucoup plus simple d'employer celle d'une colonne
d'eau, dont il sera très-facile de construire un appareil à cet effet.

On peut employer des moules de toute espèce
de matière : la manière la plus expéditive de fabriquer les chandelles, paraît être de les injecter avec
une seringue à travers un tube, de la manière suivante :

Quand on a fondu le suif ou la cire, on les fait
passer dans un vaisseau à double fond (fig. 35 et 36,
pl. 1), au fond duquel est fixée une pompe foulante à
double corps A, A, A; à cette pompe est adapté un tube

creux B (fig. 35) de la forme d'un moule, dont il fait les fonctions. Ce tube-moule se visse au point b, pour faciliter le changement et le nettoyage; sa forme est semblable à celle qu'on donne aux chandelles, et quand il s'agit de faire des chandelles perforées, il porte dans son axe une broche d'acier bien polie c, c, suivant la grosseur du trou. Cette broche est fixée à b, par la pièce circulaire ouverte d; elle est affermie au moyen de traverses et de vis qui assurent sa position centrale, sans gêner la circulation des substances fondues. Cette broche est prolongée de trente centimètres au-delà de l'extrémité du tube-moule au point e.

Le degré de température de la matière en fusion pour cette opération doit être réglé par un thermomètre qu'on entretiendra entre le point de congélation et de fonte, au moyen d'une couche d'eau chaude placée dans le double fond dont nous avons parlé. Les tubes qui sortent du fond sont également enveloppés de doubles fonds qui sont une continuation des précédents, et qui, communiquant avec lui, sont remplis d'eau chaude à la même température.

Dans cette position, la matière fondue est chassée par les pistons de la pompe dans un tube qui forme un corps continuel de chandelles, traversant le tube-moule B sous la forme d'une chandelle perforée à l'extrémité de la broche e, prolongée dans une cuve d'eau C, dont la chaleur est maintenue à environ cinq degrés centigrades plus bas, ce qui produit un prompt refroidissement; la chandelle se brise et tombe dans cette cuve. On contre-balance la résistance de l'eau, et on maintient la rectitude des chandelles par un tuyau hémi-cylindrique, placé sous la broche allongée *e*, sur la largeur de la cuve, et qui reçoit et conduit le tube éjecté. Au fur et à mesure que cette longueur est celle d'une chandelle, un ouvrier coupe au point *e*, et enlève successivement pour faire place à la chandelle suivante, et ainsi de suite jusqu'à l'épuisement de la masse en fusion. Les tubes-chandelles sont, après le refroidissement, coupés de la longueur requise pour être livrés au commerce : on y applique ensuite les mèches sèches ou imprégnées, permanentes ou mobiles dont nous avons parlé.

On fait mouvoir les pompes à l'aide du double levier *g,g*, pour injecter le suif dans le moule. On peut mettre deux ouvriers lorsque le cas le requiert.

Le fond intérieur est désigné par les lettres *h,h*. Le fond extérieur, par les lettres *i,i*.

Les corps de pompes *k,k,k*, sont percés de trous dans toute leur longueur, pour admettre l'introduction des substances fondues; des pistons portant des soupapes *l,l,l*, renversées, c'est-à-dire, s'ouvrant du haut en bas.

La boîte *m*, dans laquelle se réunissent les deux pompes, a deux soupapes.

On voit enfin en *n* (fig. 36), le robinet de sûreté *n*, qu'on n'ouvre qu'au moment de l'injection.

Cette manipulation permet aussi de fabriquer un tuyau ou caisse extérieure en cire, qu'on peut remplir de suif à l'aide du même instrument que nous venons de décrire; ce qui donnera aux chandelles l'apparence extérieure des bougies.

ARTICLE IX. — **Chandelles-bougies et bougies de ménage aux cires végétales.**

1° Jusqu'à présent on n'avait pas encore pu réussir à fabriquer des chandelles avec le carnauba ou avec un mélange composé en grande partie de carnauba.

En effet, il y avait là une grande difficulté à vaincre, car le carnauba trop chauffé brûle, et si on ne le chauffe pas assez il se fige, ne monte point dans la mèche et ne se consume pas. M. Laporte s'est fait breveter en 1854 pour une chandelle composée d'une mèche tressée, tubulaire ou non tubulaire, et d'un mélange de carnauba avec d'autres matières. C'est au moyen de cette mèche d'un genre nouveau qu'il est arrivé à réaliser le problème considéré jusqu'à lui comme insoluble. La mèche forme donc ici la base de cette invention. Voici de quelle façon il opère :

Pour fabriquer 100 kilogr. de chandelle-bougie, on prend 66 kilogr. de carnauba (cire végétale) et 34 kilogr. de suif, qui peuvent être diminués de moitié et remplacés par une quantité d'huile de coco ou de toute autre huile quelconque. Cette huile a pour but d'atténuer la friabilité de la cire végétale. Pour fondre ces matières, il faut se servir de la vapeur ou du bain-marie, et il est bon de concasser le carnauba avant de le mettre dans la chaudière.

Pour que ces proportions donnent le résultat désiré et fournissent l'intensité de lumière voulue, il faut à cette chandelle-bougie une mèche toute particulière, faite en coton tressé d'une forme quelconque, mais de préférence circulaire; cette mèche est tubulaire ou pleine, d'une grosseur convenable et suffisante pour donner un foyer calorique pouvant fondre

l'excès de carnauba qui entre dans cette combinaison. Il faut aussi que les moules soient chauffés avant
de couler la matière.

L'expression tubulaire signifie qu'on enlace 2, 3. 5
ou plusieurs fils, qui constituent des conduits tubulaires dont l'effet est d'augmenter l'intensité de la
flamme.

Les procédés tentés jusqu'ici pour la fabrication
des chandelles ou bougies avec le carnauba ou avec
un mélange de carnauba et de différents corps gras,
n'ont abouti qu'à des résultats et des produits fort peu
importants.

Cet insuccès tient surtout à la nature de la substance et au traitement irrationnel du carnauba.

Cette matière offre, à la vérité, de grandes difficultés dans sa manipulation : le carnauba trop chauffé
monte et noircit ; chauffé d'une façon insuffisante, au
contraire, il se fige ; l'effet capillaire ne se produit
qu'imparfaitement dans la chandelle obtenue, et la
combustion est très-mauvaise.

Il fallait éviter tous ces inconvénients : M. Laporte
y est parvenu en observant d'abord qu'il fallait, pour
les chandelles de cette nature, des mèches offrant
plus de brins pour subdiviser davantage l'effet capillaire, et obtenir ainsi un foyer plus puissant. Il a
remarqué, en outre, que cette fabrication nécessitait
l'échauffement des moules dans toute leur hauteur
par un moyen quelconque, et leur préservation du
contact de l'air, jusqu'au moment où les moules sont
arrivés à la température ambiante. C'est alors que
l'on peut impunément retirer des moules la chandelle-bougie de carnauba pour la couper et la livrer
au commerce, sans qu'il soit besoin de la sécher ou
de la polir.

Ainsi, la différence radicale qui distingue le nouveau produit de ceux obtenus par les procédés antérieurs concernant la même destination du carnauba, c'est :

1° L'emploi de mèches tubulaires ou non tubulaires, formées d'un grand nombre de brins et tissées, tressées ou torsées, ou bien encore l'emploi de plusieurs petites mèches tressées ;

2° L'emploi d'une caisse à moules pouvant se fermer à volonté et susceptible d'être chauffée uniformément à la température de 45 à 55°, soit par les gaz, soit par la vapeur, soit par tout autre moyen connu de chauffage ;

3° L'ensemble des dispositions employées pour constituer, d'après ce procédé, une chandelle-bougie en carnauba, ou ayant pour base le carnauba, offrant un grand pouvoir éclairant et possédant toutes les qualités propres à l'exportation.

Ainsi, pour fabriquer 100 kilogr. de chandelle-bougie, on prend, par exemple, 66 kilogr. de carnauba et 34 kil. de suif ; le suif peut être augmenté, diminué ou même remplacé par une quantité égale d'huile de coco ou de toute autre huile quelconque, et, en général, tout corps gras ou résineux, liquide ou solide, convenablement préparé. Le corps gras, associé au carnauba, a pour but d'atténuer la friabilité de la cire végétale et d'augmenter l'intensité de la lumière, tout en abaissant le prix de revient de la chandelle-bougie.

Pour fondre ces matières, il faut commencer par concasser le carnauba, puis le jeter avec le corps gras dans la chaudière contenant déjà de l'eau acidulée par l'acide sulfurique, et chauffer le tout jusqu'à 90° C. environ, au moyen de la vapeur ou du bain-marie. On prépare ainsi le mélange dans une chaudière, et lorsqu'il est arrivé à une liquidité convenable, on le transvase et on le laisse refroidir un peu en l'agitant continuellement avant de couler, pour entretenir une température à peu près constante, dans toute la masse. On coule ensuite dans les moules chauffés préalablement à la température de 45 à 55° C. dans une étuve dont on ferme le couvercle. On laisse alors refroidir lentement, sans rien découvrir, jusqu'à 15 à 20°, température ambiante ordinaire.

Les mèches peuvent avoir de 60 à 150 brins tissés ensemble ou bien torsés et tissés, et formant une colonne capillaire à la fois volumineuse et très-divisée, pour constituer un foyer énergique. Elles peuvent être disposées, soit pour être mouchées, soit pour ne pas l'être.

On peut laisser à la matière sa couleur naturelle ou lui donner, pendant la préparation, telle couleur qu'on voudra.

Le produit que l'on obtient est une chandelle-bougie polie, brillante, et constituant un excellent moyen d'éclairage susceptible d'être exporté sans danger d'altération.

La proportion de carnauba introduite dans la chandelle-bougie peut être différente de celle qui a été indiquée pour exemple, et elle peut varier suivant le degré de solidité ou la durée que l'on veut donner à la chandelle,

A l'aide des moyens précédents on a vu qu'on peut traiter le carnauba avec addition d'un corps gras quelconque par la vapeur sèche ambiante, etc. Cette combinaison ne donne que la possibilité de faire de la chandelle qui, quoique ayant la dureté de la bougie, son poli et son brillant, ne peut se brûler qu'avec une grosse mèche et en se mouchant comme une chandelle ordinaire; les moyens qu'on va indiquer permettent d'obtenir un produit supérieur, semblable à la bougie de cire, cette matière étant épurée jusqu'à sa dernière limite.

Ce produit brûle sans se moucher, avec une mèche fine tressée en trois, et se comporte pendant toute sa durée absolument comme la bougie. On emploie toujours une étuve hermétiquement close. On introduit dans cette étuve autant de filtres en feutre qu'elle peut en contenir, suspendus à des crochets adaptés aux parois de l'étuve; au fond de l'étuve est disposé un canal en fer-blanc ou tout autre métal, qui va d'un bout à l'autre de l'étuve pour recevoir la matière qui coule des filtres fixés en rang sur toute la longueur.

L'étuve est chauffée d'une manière quelconque, par exemple, au moyen de tuyaux de vapeur, pour avoir une température élevée et uniforme.

Le canal, à l'extrémité de l'étuve où est placé un bassin pour recevoir la matière épurée, et on coule ensuite les bougies; mais d'abord il faut préalablement faire fondre la matière comme il a été indiqué plus haut, et ajouter, avant ou après qu'elle est fondue, 10 pour 100 de noir animal, d'argile, de sable, de grès, etc.; on agite ensuite continuellement le tout dans la chaudière; c'est alors que le noir animal agit sur les matières grasses en absorbant la partie gommeuse qui se trouve dans la résine de carnauba. Au bout d'une demi-heure d'agitation, on transvase ces matières dans les filtres qui sont dans l'étuve, préalablement chauffée à 100 degrés, pour que la matière se tienne toujours à l'état liquide dans ces filtres. La matière qui coule dans le vase placé en dehors de l'étuve se trouve alors dégagée de toutes impuretés et même de la partie gommeuse qu'elle contient, et il ne reste plus que la partie cireuse propre à faire la belle bougie.

Quand on emploie les terres alumineuses, on les sèche préalablement, ensuite elles sont réduites en poudre bien fine et chauffées dans une étuve à la température de 100 degrés.

La matière à blanchir est chauffée également à 100 degrés centigrades, et la poudre est projetée pendant qu'on remue. La matière est brassée vigoureusement pendant deux heures environ, en maintenant toujours le même degré de chaleur; on laisse déposer; la matière qui surnage est presque claire, et une simple filtration suffit pour la rendre tout à fait propre à être employée pour les bougies.

Après cette opération, le carnauba ne contient plus ni l'eau qui le faisait mousser et pétiller en fondant, ni la gomme qui élevait son point de fusion à 85 degrés de température, et il se trouve, par ce moyen, fusible à une température de 60 à 65 degrés, ce qui le rend plus malléable et propre à toute espèce de fabrication.

2° M. Bonnissent a cherché aussi à incorporer de la cire carnauba dans le suif pour en fabriquer de belles chandelles économiques. A cet effet, il fait fondre ensemble 30 kilog. de cire carnauba, 70 kilog. de corps gras et 2 à 3 kilog. d'acide stéarique. Les mèches nattées sont trempées pendant deux heures dans une solution chaude de 5 grammes de borate de soude, 5 grammes d'acide sulfurique et 1 litre d'eau.

3° M. Duchaîne a également tenté de faire de belles chandelles avec un mélange de cire végétale et de stéarine. Son procédé est fort simple. Il prend cette cire végétale purifiée par un procédé qui lui est particulier, et la fait fondre avec 6 à 7 kilog. 1/2 de belle stéarine pour 50 kilog. de cire. La matière étant fondue, on agite pendant deux minutes, puis on élève la température de 1 à 2 degrés au-dessus de celle de fusion. On laisse le tout en repos pendant un instant, puis on coule dans des moules sans les chauffer, quelle que soit la température extérieure. La chandelle est d'autant plus belle que la matière a été coulée plus chaude, en évitant toutefois une température trop élevée. La chandelle moulée ainsi sort des moules avec un poli et un brillant qui dispensent de la polir.

4° Mais ceux qui ont étudié avec le plus de soin la fabrication des chandelles avec un mélange de cire végétale et de corps gras liquides sont, d'une part, MM. Leroux et Cellier, puis ensuite MM. Leroux et Martin. Commençons par décrire le procédé de MM. Leroux et Cellier.

A. Une première opération, disent MM. Leroux et Cellier, consiste à faire fondre, dans deux fois son poids d'acide oléique du commerce, une partie de cire végétale.

A défaut d'acide oléique, soit pour cause d'élévation exagérée dans le prix, soit pour cause d'altération dans sa qualité ou de rareté sur la place, on pourra le remplacer très-avantageusement par les huiles de palme, de noix, d'œillette commune, de colza et par les flambarts des charcutiers, ou toute autre graisse molle ou de qualité inférieure.

Suif artificiel. — On prend donc 200 kilog. de ces matières, dans lesquelles on fait fondre la cire à la vapeur, ayant le soin de remuer le mélange jusqu'à parfaite homogénéité; pour que ce mélange se fasse bien, il faut remuer sans cesse et maintenir la température au point de l'ébullition. On reconnaît que cette opération est à son terme lorsque, en en prenant une goutte que l'on verse sur la surface d'un objet poli, elle se fige instantanément et s'en détache aussitôt sans laisser de traces. On ferme alors le robinet de vapeur et, quand la matière est descendue à la température de 70 à 75 degrés centigrades, on procède à son épuration et à son blanchiment par l'acide chromique.

Préparation de l'acide chromique. — Pour blanchir la quantité de matière ci-dessus indiquée, on prendra 3 kilogrammes de chromate de chaux, que l'on pulvérise et que l'on place dans un vase de terre ou de grès; on verse dessus 4 litres environ d'eau bouillante, et l'on a le soin de remuer, en y ajoutant peu à peu 1 1/2 kilogramme d'acide sulfurique. On agite le mélange avec soin jusqu'à ce que tout le sel soit fondu.

Cette liqueur est une solution d'acide chromique contenant un peu de sulfate de chaux et d'acide sulfurique libre.

Epuration et blanchiment. — Le mélange de la première opération étant descendu à la température de 70 à 75 degrés centigrades, on le porte dans une cuve de bois, où cette température est maintenue; on y verse alors l'acide chromique, et l'on brasse fortement jusqu'à ce que la matière ait pris une teinte verdâtre. On y verse alors trois seaux environ d'eau bouillante, chargée de 1 kilogramme d'acide chlorhydrique ; on brasse de nouveau pendant dix minutes, et l'on abandonne le tout au repos, en ayant le soin de graduer le refroidissement.

On obtient de cette façon un suif très-blanc, de brun ou jaune qu'il était avant l'opération, et suffisamment épuré. En cet état, sa consistance est celle de la stéarine ; son odeur, très-faible, est celle des matières employées ; il présente tous les caractères du suif de la boucherie, et peut, par sa nature, et surtout par la modicité de son prix, le remplacer avantageusement dans une foule d'industries.

Mélange pour la chandelle. — Selon la destination et, par conséquent, suivant la solidité que l'on veut obtenir, on fait ce mélange dans les proportions suivantes :

Suif artificiel, de 100 à. . . . . 200 kil.
Beurre de coco ou flambart. 200
Suif ordinaire. 200

On fait fondre ensemble, à l'aide d'un serpentin à vapeur placé au fond d'une chaudière, les quantités ci-dessus indiquées. Arrivé au point de l'ébullition, et quand les matières paraissent être parfaitement homogènes, on ferme le robinet de vapeur ; après un repos de vingt minutes environ, on procède au moulage des chandelles par les moyens ordinairement employés dans cette fabrication. Seulement, on a le soin de passer préalablement les mèches, qui sont celles de la chandelle ordinaire, dans un bain d'acide stéarique.

Cette chandelle est blanche comme la chandelle

dite *économique,* et peut être livrée au commerce à 20 p. 0/0 au-dessous du prix courant. Elle a la dureté de la bougie stéarique et ne conserve aucune odeur. Contrairement à la chandelle ordinaire, elle peut être touchée et portée sans danger de graisser les doigts, la chaleur de la main étant insuffisante pour la faire fondre. Sa lumière est plus blanche et aussi forte que celle de la chandelle.

Sa grande consistance et son point de fusion très-élevé la rendent propre à l'exportation dans les pays chauds, où de la chandelle ordinaire exportée il n'arrive que les mèches. Sa durée est d'un quart plus longue que la chandelie, et une goutte tombée sur une étoffe quelconque peut, contrairement à la chandelle ordinaire et à la bougie, être enlevée comme une écaille de poisson sans laisser de trace.

En résumé, les moyens employés pour la fabrication de cette chandelle, dite exotique, se renferment donc dans quatre opérations bien distinctes, très-faciles à saisir et des plus économiques à suivre.

La première de ces opérations est la fabrication d'un suif artificiel par la combinaison de la cire végétale avec l'acide oléique. La deuxième est la préparation de l'acide chromique par le chromate de chaux et l'acide sulfurique. La troisième est l'épuraration et le blanchiment du suif artificiel par l'acide chromique. La quatrième est le mélange du suif artificiel avec d'autre suifs ou huiles susceptibles d'ajouter à la qualité du suif artificiel.

Nous passons maintenant à la description des procédés de MM. Leroux et Martin.

B. Après les travaux de MM. Leroux et Cellier, le premier a repris, de concert avec M. Martin, des études et des expériences qui les ont conduits à de nouveaux perfectionnements.

La fabrication nouvelle du produit appelé bougie de ménage, repose principalement sur la propriété que possède la cire de carnauba, ou cire végétale, de concréter instantanément les corps oléagineux d'origine animale ou végétale, sans altérer les qualités combustibles qui les caractérisent.

L'emploi de cette substance, essayée à plusieurs reprises, n'avait guère été jugé possible; de là son exclusion de la fabrication des chandelles et des bougies.

Pourtant, l'infériorité du prix auquel on peut se la procurer, la facilité qu'elle offre au fabricant de faire intervenir dans sa manipulation des matières d'un prix moindre que celles employées ordinairement, et de les transformer en un suif artificiel plus propre que les suifs du commerce à la fabrication ci-dessus énoncée, auraient dû préoccuper plus vivement l'attention des chimistes manufacturiers.

La simplicité du matériel, jointe à l'extrême facilité de la manipulation, permet de produire à 16 pour 100 au-dessous de la chandelle la plus commune, une bougie solide et sans mauvaise odeur, dont le point de fusion est bien au-dessus de celui de la chandelle, brûlant avec une flamme, sinon supérieure, du moins égale, sans qu'il soit besoin de la moucher.

On a dit plus haut que tous les corps oléagineux sont susceptibles d'être concrétés par la résine de carnauba; mais les auteurs ont donné la préférence aux huiles de coco, d'œillette, de noix, tant par l'infériorité de leurs prix actuels qu'à cause du peu de manipulations qu'elles exigent pour être converties en un suif propre à la fabrication immédiate de la bougie.

On avait proposé d'abord un mode de blanchiment par l'acide chromique, au cas où les matières employées à la fabrication du suif seraient fortement colorées. L'expérience et une longue pratique ont cependant démontré l'inefficacité de ce procédé, et son peu d'importance devant les résultats nouvellement obtenus à l'aide des modifications nombreuses indiquées plus bas.

On va donc exposer les diverses opérations nécessitées par cette industrie.

Première opération. — On prend pour 1,000 kilogrammes de suif à préparer, savoir :

> Huile de coco. . . . . 700 kilog.
> Cire de Carnauba. 300

Les matières seront placées dans un cuvier doublé d'une feuille de plomb, dont la capacité doit être double du volume des matières à traiter. Un serpentin, destiné à la circulation de la vapeur, s'étendra du fond aux deux tiers du cuvier et sera fixé aux parois dudit cuvier. Deux robinets seront placés l'un au fond, l'autre à 30 centimètres au-dessus.

Après avoir placé les matières dans la cuve, on ouvre le robinet de vapeur et l'on chauffe en remuant constamment, jusqu'à ce que la masse, parfaitement liquéfiée, présente une homogénéité parfaite. Arrivé à ce point, on verse sur cette masse 10 kilogrammes d'acide sulfurique, étendu de vingt fois son poids d'eau; on brasse pendant un quart-d'heure environ, et on abandonne au repos, ayant le soin de n'entretenir que la chaleur nécessaire au maintien de la fusion.

Après un repos de deux heures environ, on ouvre le robinet inférieur du cuvier, afin de donner passage à l'eau acidulée qui s'est déposée, et qui entraîne avec elle une partie des corps étrangers à la matière. Aux premières traces de corps gras, on ferme le robinet inférieur et on ouvre celui de vapeur ; on verse sur la masse 400 litres environ d'eau bouillante, et l'on brasse encore un quart-d'heure, après quoi l'on abandonne au repos, entretenant, comme précédemment, la chaleur nécessaire au maintien de la fusion. Cette opération suffit pour éliminer les corps étrangers et le peu d'acide restés dans la matière.

Cette opération est d'autant plus nécessaire que les huiles de coco, ainsi que les résines de carnauba, sont toujours additionnées de substances étrangères provenant de l'arbre qui les produit, et surtout du peu de soin apporté dans leur mode d'extraction.

Quand tous les corps étrangers sont précipités ou entraînés, ce que l'on reconnaît à la grande limpidité de la matière, on ouvre le robinet du haut et l'on reçoit le suif dans des formes de fer-blanc, dont la capacité varie selon le poids que l'on désire donner aux pains.

Après un complet refroidissement, les pains sont extraits des formes et portés au magasin pour être convertis en bougies.

Deuxième opération. — Le point le plus important dans les préparations qui vont suivre est, sans contredit, la bonne confection des mèches dont le tressage doit être plus ou moins serré, et le nombre des fils bien déterminé, en raison du plus ou moins de consistance de la matière et de son point de fusion plus ou moins élevé.

Les mèches dont on doit faire usage, et qui paraissent le mieux convenir à la combustion de ce nouveau suif, portent 90 fils pour les bougies de six au 1/2 kilogramme, et 81 fils pour celles de huit. Le tressage est en trois, et un peu moins serré que pour la bougie stéarique de première qualité. Une trop grande adhérence entre les fils nuirait à l'ascension de la matière lors de la combustion, et détruirait par conséquent la capillarité.

Ainsi préparées, les mèches seront passées dans un bain d'alcool et d'eau (3 litres environ), dans lequel on aura fait dissoudre 100 grammes d'acide borique cristallisé; après un séjour de quelques heures on les retire en les pressant pour en extraire l'excès de liquide, et on les met à sécher.

Cette préparation est d'autant plus nécessaire que l'acide borique, qui en forme la base, est appelé à neutraliser les quelques atomes de chaux qui se trouveraient dans le suif, en formant un borate de chaux fusible, lequel, emporté vers l'extrémité de la mèche, lors de sa combustion, la débarrasse de toute impureté et en maintenant l'écartement des fils facilite l'ascension capillaire.

Un autre soin non moins important, consiste à tremper, au moment de s'en servir, les mèches dans un bain de suif artificiel, préparé à feu nu, ou mieux encore dans un mélange de stéarine et de cire vierge. Le but de cette préparation est de faciliter l'ascension capillaire par l'affinité qu'ont entre elles les molécules d'un même corps. Chaque fois que nous avons employé ce moyen, nous avons constamment obtenu une flamme plus blanche et une plus grande régularité dans la combustion.

Troisième opération. — Les moules garnis de leurs mèches seront placés sur des planches garnies de trous et fermées comme une caisse dans laquelle on fait circuler, au moment de couler, un jet de vapeur, afin de porter la température de ces moules à peu près à celle de la matière qu'ils doivent recevoir.

Lors de leur placement dans les moules, on exerce sur les mèches une légère torsion; cette précaution est très-nécessaire, autrement la mèche qui, lors de sa combustion, doit décrire une légère courbure. de façon à projeter son extrémité hors la flamme, ferait brûler la bougie en sifflet, si elle restait dans une immobilité complète; or, cette torsion a pour objet de faire tourner la mèche sur son axe, de manière à lui faire présenter successivement son extrémité inclinée vers la matière à tous les points du contour de la bougie. Il faut enfin régler la torsion de façon à donner aux mèches, en se détordant, une vitesse de rotation égale à celle de la grande aiguille d'une montre, c'est-à-dire lui faire accomplir sa révolution en une heure.

Tous les acides gras, ainsi que les suifs, acquièrent toujours une teinte jaunâtre par la fusion, et lors de leur transformation en chandelles ou bougies, ces dernières sont toujours chargées d'un peu d'oxyde de plomb et d'étain provenant des moules; aussi, pour rendre au produit ses qualités marchandes, on devra, à leur sortie des moules, exposer les bougies dans une cour ou un champ, où l'action simultanée

du soleil, de l'air et de la vapeur aqueuse ne tard
pas à leur donner l'éclat et la blancheur tant recher
chés par le commerce.

5° M. C.-W. Schinder a proposé, en 1851, de durci
les matières grasses concrètes propres à fabriquer le
chandelles par une addition de cire du Japon et de
gomme élémi qui en porte, dit-il, le point de fusion
à 58° C.

ARTICLE X. — **Chandelles et bougies à la résine.**

M. D.-W. Wire a proposé un procédé pour fabriquer les chandelles, bougies, etc., en faisant entrer
une forte proportion de résine dans les matières grasses
et huileuses qu'on emploie pour les fabriquer.

Il y a deux moyens pour introduire la quantité nécessaire de résine pour former une matière composée
propre à faire des chandelles, des bougies, l'un dans
lequel on ajoute du chlore et l'autre sans l'intermé-
diaire de ce corps. Diverses expériences ayant con-
vaincu que la matière dont on compose ces chandelles
était tout aussi bonne quand on ne faisait pas usage
du chlore, le procédé en est devenu plus simple et
plus économique. On se bornera donc à la description
de ce dernier moyen.

On ajoute une certaine proportion de résine, généralement de 20 à 30 p. 100 à la matière grasse, aux
acides gras, ou aux matières oléagineuses, et quand
le tout est en fusion on introduit un acide puissant,
par exemple, l'acide sulfurique concentré, en petites
quantités à la fois et le tout est soumis à un degré de
chaleur suffisante pour déterminer le dégagement à
l'état gazeux de l'acide sulfureux gazeux. Cette opération exige de 12 à 18 heures, et n'a pas besoin qu'on

en fasse la description, parce qu'elle est très-connue, et est appliqué depuis longtemps aux matières grasses pour fabriquer des chandelles, mais sans combinaison avec la résine.

Lorsque le dégagement de l'acide sulfureux est terminé et que la matière mixte est refroidie, elle a un aspect brun foncé et cristallin. Ce composé est alors soumis à la distillation par les moyens connus employés pour cet objet dans la distillation des matières grasses, des acides gras et des substances oléagineuses, c'est-à-dire au moyen de la vapeur surchauffée ou de cette même vapeur combinée avec le vide. La matière composée ainsi obtenue est alors soumise à la presse pour séparer les parties concrètes de celles fluides, et ce sont ces matières concrètes dont on fabrique ensuite des chandelles, des torches, des cierges, des veilleuses et autres luminaires.

D'un autre côté, M. P. Aymard a aussi proposé de fabriquer des chandelles au moyen de substances résineuses, telles que la colophane et le galipot, mais il y ajoute aussi la naphtaline, la paraffine, etc., et procède ainsi :

On mélange une partie de l'un quelconque de ces corps avec une partie ou plus de corps gras, préférablement des corps gras obtenus au moyen des huiles et des vapeurs nitreuses. On soumet le tout à une forte pression ; puis on le fond au moyen de la vapeur avec la moitié de son poids d'acide sulfurique à 20° de l'aréomètre de Baumé. On le maintient quelque temps en ébullition, puis on lave pour enlever l'acide. La masse est alors traitée par une lessive de potasse de 5° à 10° ; on la maintient en fusion, et on la fait traverser par un courant de chlore, de manière à blanchir, purifier et désinfecter la matière. On la traite de nouveau par l'eau bouillante et l'acide sulfurique, et, après qu'elle a été lavée, elle est, suivant lui, parfaitement propre à la fabrication des chandelles.

Enfin, M. Sautayra a aussi proposé en 1855, de fabriquer des chandelles en mélangeant aux matières grasses une résine épurée au besoin.

Il purifie les résines qui renferment une huile essentielle, en les distillant avec l'eau à laquelle il ajoute du chlorure de sodium ou de calcium pour élever le point d'ébullition, ou bien en saponifiant à plusieurs reprises à la chaux ou aux alcalis caustiques, ou encore par une ébullition prolongée dans une eau pure ou alcaline.

Pour fabriquer la chandelle avec cette résine épurée ou avec les résines qui n'ont pas besoin de l'être, telles que la gomme laque, le copal, etc. Il blanchit la matière avec une solution de chlore par l'immersion dans un bain d'eau tiède; s'il s'agit de résines ordinaires, par l'ébullition dans une solution faible de bicarbonate de soude, quand il se sert de gomme laque ou dans tous les cas par les acides. Il dissout la matière blanchie ou non dans l'alcool, mélange la matière liquide à un corps gras dans les proportions convenables, et coule dans les moules en se servant de mèches ordinaires.

ARTICLE XI. — **Chandelles à la palmine.**

On sait que l'huile de ricin, traitée par l'acide hyponitrique, donne naissance à un produit solide qu'on désigne sous le nom de *palmine*. M. F. Wilson a proposé, en 1854, d'employer ce produit dans la fabrication des chandelles et bougies, soit seul, soit mélangé avec d'autres substances habituellement employées à cet usage. La palmine, surtout lorsqu'elle a été pressée, est très-propre à donner de la dureté au suif; elle se mélange, par fusion, en toutes proportions avec ce dernier; on peut la mélanger aussi avec la cire ou les acides gras, provenant de la saponification du suif.

ARTICLE XII. — **Chandelles de suif et de paraffine.**

M. Schultenbach, de Saint-Pétersbourg, s'est fait breveter en 1857, pour des moyens propres à combiner la paraffine avec d'autres matières grasses pour la fabrication des chandelles.

Pour cela il réduit la paraffine en vapeur, et à mesure que cette vapeur se produit, il la fait passer dans un vase dans lequel est aussi amenée la vapeur de la matière grasse avec laquelle la paraffine doit être combinée. De là, ces vapeurs mélangées sont amenées en contact avec un jet de vapeur d'eau, de façon que les vapeurs de paraffine et de la matière grasse sont condensées ensemble, ce qui produit la combinaison de la paraffine.

Les proportions suivant lesquelles les vapeurs des deux substances sont mélangées peuvent être réglées à volonté, et il est facile de contrôler la nature du mélange.

On emploie de préférence les graisses animales de qualité inférieure à raison de leur bas prix.

Les produits qui résultent de cette distillation se séparent en refroidissant en graisse solide et en une huile liquide. Pour purifier la matière concrète, on la lave avec de l'eau et on la presse légèrement. En cet état, elle est prête pour la fabrication des chandelles.

M. Schultenbach a fait observer qu'il est bon de conduire la distillation aussi rapidement que possible, parce qu'alors la perte est moindre qu'avec une distillation lente.

Quant à l'appareil propre à la fabrication de ce mélange pour chandelles, on en trouvera la description dans le *Technologiste*, t. 19, p. 531, ou dans la *Description des brevets d'invention*, t. 66, p. 196.

ARTICLE XIII. — **Bougies-chandelles.**

Voici le procédé imaginé par M. T. Eboli, de Lyon :

Quand le suif est fondu, on y répand environ un kilogramme par quintal métrique du mélange des sels suivants, trois parties d'alun de roche, une partie de sulfate de cuivre et du sublimé corrosif en très-petite quantité. On agite le suif que l'on tient pendant quelque temps en état de lente ébullition, puis, après avoir éteint le feu, on met dans la chaudière deux ou trois seaux d'eau fraîche : avec le suif ainsi préparé, on fabrique des chandelles au moule ou à la baguette, à volonté.

Dans une chaudière étamée, on fait fondre de la cire pure avec une quantité variable de suif, selon la qualité plus ou moins sèche de la cire, mais au moins dans la proportion de trois quarts de cire sur un quart de suif. On répand sur ce mélange 25 grammes de sel de tartre pour chaque kilogramme, et on y ajoute de l'huile de pavot, après l'avoir rendue siccative, en la mettant en contact, pendant longtemps, avec l'acétate de plomb pulvérisé, et en l'agitant tous les jours. Cette huile, dont la qualité varie selon la température, a pour résultat que les chandelles ne présentent aucune fente à la surface.

On plonge ensuite les chandelles dans la cire ainsi préparée, en ayant soin de maintenir 20° C. la température de la pièce où se fait l'opération; enfin on laisse ces chandelles exposées à l'air pendant plusieurs jours avant de les livrer à la consommation.

En mêlant de la couleur à la cire préparée, on peut donner aux chandelles la teinte que l'on voudra.

Au lieu des barres à moules, on emploie des tablettes portatives en fer mince avec deux pieds en fer, et pouvant contenir cinq moules; elles sont préférables aux tables à moules, puisque les chandelles s'y figent dans une heure au lieu de 24 heures.

ARTICLE XIV. — **Chandelles moulées par pression.**

Ce mode perfectionné de fabrication des bougies et des chandelles, qui est l'objet d'une patente prise en Angleterre, le 14 octobre 1847, par MM. Maudslay, consiste à mouler les bougies ou les chandelles en faisant passer de force par la pression les acides gras, le suif ou les autres substances de moulage dont on compose les pièces à travers des tuyaux maintenus à une basse température, de manière que l'acide ou le suif qui est à l'état liquide quand il entre dans les tuyaux, s'y solidifie graduellement ou bien y cristallise en partie dans son passage à travers les tuyaux et enfin achève de se refroidir et de durcir quand on l'introduit au sein d'une masse d'eau froide, le coton pour former la mèche ayant été introduit dans l'acide ou le suif au moment où la matière est sur le point de quitter les tuyaux et avant d'acquérir toute sa dureté.

On a proposé déjà divers autres moyens pour fabriquer des bougies ou des chandelles par une pression continue qu'on exerce sur les matières en faisant passer celles-ci à travers des moules ou des tuyaux; nous citerons entre autres, le procédé de M. F. Allman qui a été décrit à la page 30 et celui de M. Roltz à la page 46 de ce volume; mais ces procédés ne s'appliquent qu'aux matières à l'état froid et solide, et on a déjà élevé contre eux quelques objections à cause de l'impossibilité où l'on est, dans leur exécution, de faire autre chose qu'une pression mécanique ou d'agglomérer ensemble les matériaux froids et solides, mais non pas de les lier et de leur donner cette homogénéité que la fusion seule peut leur procurer.

On a représenté, dans les figures 12 à 15, pl. 8, la machine destinée à réaliser le mode de fabrication des articles gras moulés suivant un procédé de M. Maudslay.

Fig. 12, élévation vue en coupe de la machine, suivant la ligne *a, b* de la figure 14.

La figure 13, autre élévation, vue aussi en coupe, suivant la ligne *c, d*, fig. 14.

La figure 14, plan de l'appareil, suivant la ligne *e, f*, fig. 12.

La figure 15, section horizontale, suivant la ligne *g, h*, fig. 13.

A est un vase clos, de forme cylindrique, ou une chaudière avec fond conique et qui est destinée à contenir l'acide, le suif, ou toute autre matière ou composition qu'on veut mettre en état de fusion, et dont on doit fabriquer le corps des bougies ou des chandelles. A^2 est un bloc cylindrique portant plusieurs piliers courts *p, p, p* sur lesquels est montée la chaudière A. B est un petit foyer ou fourneau qui sert à chauffer le vase A, et C, C des carneaux à travers lesquels la fumée et l'air chauffé circulent sous le fond de la chaudière.

On conçoit qu'on peut aussi chauffer cette chaudière à l'aide de la vapeur ou de l'eau chaude, cas auquel on n'a plus besoin du foyer ou fourneau B. Il y a en outre une cheminée destinée à évacuer les produits de la combustion et qu'on place en un point convenable du carneau C, mais qu'on n'a pas représentée dans les figures.

I est un rafraichissoir ou vase ouvert cylindrique, rempli d'eau froide, qui entoure le bloc cylindrique A² et lui est concentrique. Ce vase est de quelques centimètres plus bas que ce bloc, et il se relie à la chaudière ou vase pour la fusion A placée au-dessus par des barres Q, Q, assujetties par des boulons et des écrous.

D est une pompe foulante avec piston plein, disposée au sein de la chaudière A où elle est solidement boulonnée sur le fond, et de plus maintenue par des tirants et des étais E, E. En faisant fonctionner cette pompe, soit à bras, soit au moyen de tout autre moteur, la matière en fusion est élevée par la soupape d'aspiration F dans le corps de pompe, puis de là refoulée par le piston à travers un tuyau de décharge G qui la conduit dans une boîte H, immergée dans l'eau froide que renferme le rafraîchissoir I. De cette boîte partent trois serpentins L¹ L² L³ qui sont plongés au sein de l'eau froide, et portent des robinets au moyen desquels ils peuvent être tous ouverts pour livrer passage à la masse en fusion, ou bien un ou deux d'entre eux seulement, cette masse étant refoulée, suivant le besoin, en une, deux ou trois colonnes distinctes.

A l'extrémité *m* ou près du point de décharge de ces trois serpentins, on a piqué sur chacun d'eux un petit tube P qui est replié suivant un coude arrondi dans son point d'insertion, de manière à ce que son centre, à sa terminaison, se trouve très-exactement dans l'axe du serpentin. C'est à travers ce tube que descend la corde de coton ou autre matière destinée à former la mèche de la bougie ou de la chandelle; cette mèche se déroule sur trois dévidoirs O, O, O montés sur des potences attachées sur les côtés de la chaudière de fusion A, et à mesure que la colonne de matière plastique est refoulée à travers les tours du serpentin vers l'entonnoir de sortie M, elle enveloppe et entraîne avec elle la corde ou mèche de coton ou autre matière.

En sortant de l'entonnoir M, la masse plastique est déchargée dans une bâche d'eau froide N, où elle se refroidit promptement et acquiert une fermeté et une dureté cristalline. Au moment même où elle acquiert cet état de fermeté, elle est découpée de longueur convenable, soit à la main, soit par voie mécanique, puis on en façonne le collet du côté où on allume la bougie ou la chandelle, et enfin on donne l'apprêt requis pour le produit.

L'avantage que présente ce mode de fabrication des bougies et des chandelles sur les moyens ordinaires, consiste, dit M. Maudslay, dans la facilité et la rapidité du travail, l'économie de la main-d'œuvre et l'application aux usages généraux, et surtout pour opérer des moulages sur le lieu même de production des matières premières, la machine étant légère, portative, d'une manœuvre simple et peu susceptible de se déranger.

Le nombre des serpentins dans chaque appareil

doit toujours être dans une proportion convenable avec les dimensions de la machine, et plus spécialement avec celle de la pompe d'injection ; et quoiqu'on en ait indiqué trois dans les figures comme un nombre moyen assez convenable, l'auteur annonce qu'on peut bien ne pas s'en tenir là et augmenter le nombre à volonté.

On peut également fabriquer des bougies de cire avec cette même machine et par les mêmes moyens que ceux décrits ci-dessus ; mais, dans ce cas, les tuyaux n'ont pas besoin d'avoir un aussi long parcours, et on peut en diminuer la longueur.

M. Maudslay a fait aussi remarquer que sa machine, avec quelques modifications, pourrait très-bien s'appliquer au moulage d'autres matières plastiques en fusion, telles par exemple que les savons, divers produits de l'art du confiseur, etc. Mais alors, au lieu de plonger dans l'eau froide, comme on l'a dit précédemment, on recevrait à la sortie des tuyaux ou moules sur des bandes sans fin de tissu de coton, de gaze métallique ou de toute autre substance, suivant qu'on le jugerait convenable ou que l'exigerait le produit.

ARTICLE XV. — Chandelles de suif azoté avec mèche d'un ou deux fils, imprégnée ou non imprégnée d'un composé métallique.

M. Samuel Pugh, fabricant de savon à fouler les draps, à Rouen, a pris en novembre 1822 un brevet pour chandelles de suif azoté dont voici un extrait.

Procédé de fabrication. — Pour fabriquer la chandelle de première qualité destinée à remplacer la bougie de cire, on emploie le suif azoté suivant les procédés décrits à la page 143, tome I de cet ouvrage. Ce suif est plus pur, plus ferme et plus blanc que celui, même de première qualité, qui se trouve dans le commerce ; la chandelle qui en résulte est sèche aux doigts et l'odeur en est douce et agréable.

La mèche en coton est filée en doux ; on n'emploie qu'un ou deux fils en volume proportionné au diamètre de la chandelle : cette mèche ne réclame que rarement et accidentellement le secours de la mouchette. Il faut seulement, quand elle se trouve trop longue, l'incliner hors de la flamme, comme pour les bougies. Il est facile de concevoir qu'une mèche filée en doux, quand elle brûle et que la partie supérieure est hors de la flamme, présente à l'air la surface entière de tout son volume par le nombre infini de ses filaments ; l'oxygène, dont l'air atmosphérique est composé, agit alors sur le charbon rouge de la mèche, et le change en acide carbonique : la mèche subit donc la diminution nécessaire pour l'éclairage, et rend les mouchettes presque inutiles : d'ailleurs, en adoptant cette mèche, on est exempt des inconvénients qui arrivent souvent à la suite d'un fil cassé qui tombe extérieurement sur la chandelle en formant une seconde mèche : on n'ignore pas le dégât qui est souvent occasionné par ce genre d'accident.

Si l'on fait usage d'une mèche imprégnée du composé métallique dont il sera parlé plus loin, elle produit, avec encore plus de certitude, la diminution désirée sur la longueur de la mèche, en observant de l'incliner, quand il est nécessaire, hors de la flamme (il n'est question ici que de la partie supérieure de la mèche), la longueur disparaît de suite.

Chandelle pour les usages domestiques. — Pour la fabrication de la chandelle destinée aux usages domestiques, j'emploie du suif et des graisses également azotés, avec mèche d'un ou deux fils filés en doux; les mèches seront dans leur état naturel, ou bien imprégnées de mon composé métallique, au choix du consommateur.

Composition de la robe ou vernis pour la chandelle destinée à remplacer la bougie de cire. — On prend parties égales de baume de benjoin et de résine-mastic; on met chacune de ces substances dans un vase particulier en verre ou en plomb; on verse dessus de l'esprit-de-vin, on échauffe au bain-marie jusqu'à ce que les parties résineuses soient dissoutes; on laisse reposer les deux solutions, que l'on met ensuite dans un seul et même vase, ce qui donne un mélange propre à être employé.

Avant de se servir de cette composition, il est convenable que la liqueur soit portée à 25 ou 30 degrés du thermomètre centigrade. On plonge la chandelle dans cette liqueur pendant l'espace de cinq à dix secondes, après quoi on la retire et on la place convenablement pour la faire sécher, ce qui aura lieu en dix minutes. Les proportions du benjoin et du mastic peuvent varier, mais il est convenable d'observer que si l'on diminue la quantité du benjoin en augmentant celle du mastic, on s'expose à obtenir une chandelle coulante au toucher; si, au contraire, on augmente la quantité de benjoin, la chandelle deviendra extrêmement sèche, mais elle perdra de sa beauté du côté de la couleur que ce baume peut lui communiquer. La quantité d'esprit-de-vin sera variable suivant l'épaisseur que l'on veut donner à la robe de la chandelle.

Préparation des mèches par le composé métallique
— Pour la préparation des mèches par mon compos
métallique, il faut faire fondre au bain-marie, dar
un vase quelconque, cent parties de suif, de cire o
d'un mélange quelconque de l'une et de l'autre d
ces substances, en telle proportion que l'on veui
auxquelles on ajoute depuis cinq jusqu'à dix partie
de sous-carbonate de plomb, préalablement bien pul
vérisé. Ce mélange se fait avec promptitude et faci
lité, en le remuant bien avec une spatule. Il faut trem
per les mèches dans la composition, pendant qu'ell
est chaude et liquide ; on les retire de suite. Lors
qu'elles sont froides, elles sont propres à faire de
chandelles à la baguette ou au moule.

L'utilité de cette préparation est que la mèche, er
brûlant, décompose le sous-carbonate de plomb, er
le réduisant à son état métallique. On aperçoit au
haut de la mèche, lorsqu'elle est inclinée hors de la
flamme, de très-petits globules de plomb qui, pai
leur propre poids, tombent et entraînent la partie
élevée de la mèche, effet nécessaire et désiré pour la
beauté de la lumière.

Les oxydes métalliques, les sels même à base métallique, qui peuvent subir la réduction par le foyer
d'une chandelle allumée, produiront le même effet.

ARTICLE XVI. — **Chandelles refoulées.**

M. M. Wigzell s'est fait patenter en 1863, en Angleterre, pour un appareil et un mode de fabrication de
toute espèce de chandelles ou autres luminaires, dans
lesquels ceux-ci sortent de la machine avec les mèches appointées, et sous toutes les longueurs, grosseurs et forme et toute la vitesse à laquelle on peut.

travailler la matière. Il place les mèches dans les chandelles, pendant que celles-ci se fabriquent ou par les autres méthodes connues. Avec cette machine, il travaille les chandelles par voie de pression, c'est-à-dire qu'il refoule la matière à froid, à demi-froid ou à chaud, par des tubes de manière à leur donner la forme et les dimensions requises avec ou sans mèches, et quand elles sont ainsi formées, il les coupe de longueur, les empointe à l'aide d'un appareil attaché à la machine. Ou bien, il façonne les extrémités en refoulant les matières à travers des matrices empointeuses mobiles attachées à la machine ou bien il empointe les chandelles dans un appareil distinct, tournant et coupant, ou un appareil empointeur, après qu'elles ont reçu la mèche.

ARTICLE XVII. — Bougies économiques, de M. G.-N. Bourdeau.

Dans ce procédé, proposé en 1844, on se sert de deux compositions :

Première cuve. — On fait fondre 100 kilogrammes do stéarine première qualité pressée à chaud; on y ajoute 20 ou 30 kilogrammes de cire vierge, plus ou moins, selon le prix auquel on veut établir les bougies.

Deuxième cuve. — On y dispose 200 kilogrammes de stéarine seulement, pressée à froid, le tout bien déposé. On transvase la matière des deux cuves, séparément, dans deux bacs de fer-blanc; et pendant qu'elle s'y refroidit, jusqu'à ce qu'elle soit arrivée au degré où elle doit être coulée, on dispose les moules à cierges ou à bougies de ménage; on passe une mèche que l'on a soin de bien tendre au centre, en la fixant au petit bout de moule par une cheville de bois, et au collet par une épingle ou un fil-de-fer suivant la grandeur du moule.

La mèche ainsi tendue, on met le moule à l'étuve, et, lorsqu'il est arrivé au degré de chaleur convenable, on l'emplit de la matière provenant de la première cuve; puis on le retire de l'étuve en le déposant sur une table percée où l'air, refroidissant le moule, fait figer le contenu d'une manière égale.

Lorsque la matière qui touche à l'étain est figée au tiers ou au quart, on renverse le moule de manière à ce que la matière non figée s'en écoule et que la partie figée forme, en adhérant aux parois du moule, une couche de revêtement; puis on remplit le vide avec la matière provenant de la seconde cuve.

Ce procédé conserve à la bougie de ménage ou au cierge à la confection desquels il est employé, l'apparence et la solidité que pourraient avoir ceux établis en entier avec le contenu de la première cuve et permet cependant de livrer ces articles à un prix plus modéré.

ARTICLE XVIII. — **Chandelles qui ne coulent pas.**

M. Tilghman de Philadelphie, a pris en 1855, en France, un brevet pour des perfectionnements apportés dans la fabrication des chandelles et des bougies.

Les chandelles et les bougies sont, dit-il, sujettes à couler et forment gouttière lorsqu'elles sont exposées à un courant d'air. On diminue cet inconvénient en employant une solution de poudre-coton ou toute autre substance, jouissant de propriétés analogues qu'on applique comme vernis sur la surface de la chandelle ou de la bougie, de manière qu'en s'évaporant elle laisse une pellicule très-adhérente. Au fur et à mesure que la chandelle se consume, cette pellicule se reploie par dessus et forme une enveloppe ou godet pour la partie grasse fondue à la base de la flamme qui l'empêche de couler. Cette pellicule a d'ailleurs l'avantage de rendre la surface des chandelles de suif moins graisseuse au toucher.

M. Tilghman emploie de préférence le collodion ou solution de poudre-coton dans l'éther, mais toute autre matière peut être employée pourvu qu'elle laisse en s'évaporant une pellicule forte, continue et adhérente.

On applique la pellicule en plongeant la chandelle ou la bougie dans le collodion, ou en les faisant passer entre des brosses alimentées de cette préparation; seulement il faut laisser un temps suffisant pour l'évaporation des parties éthérées de la matière d'enveloppe et pour que la pellicule durcisse avant de faire usage de la chandelle ou de la bougie.

ARTICLE XIX. — **Chandelles de résine.**

M. Sautayra s'est fait breveter en 1855 pour un procédé d'épuration des matières résineuses et leur application à la fabrication des bougies.

La plupart des matières résineuses (résines, goudrons, bitumes) brûlent en répandant une épaisse fumée, et en exhalant une forte odeur empyreumatique. Cette fumée et cette odeur sont dues à la présence d'une huile essentielle qu'on peut enlever : 1° Par la carbonisation; 2° Par la distillation par l'eau, à laquelle on peut ajouter, pour hâter l'opération, du chlorure de sodium, du chlorure de calcium ou tout

autre sel ayant pour effet d'élever le point d'ébullition de l'eau.

On peut aussi épurer les résines, mais très-impar-
faitement, en employant :

1° La saponification à la chaux ou à la potasse o
à la soude caustique, plusieurs fois répétée;

2° L'ébullition prolongée dans un bain d'eau pur
ou alcaline;

3° L'immersion prolongée dans un bain d'ea
tiède.

La matière résineuse privée de l'huile essentiel
qu'elle contient par un des moyens ci-dessus indiqué
peut donner lieu à une industrie nouvelle : la fabri
cation d'une chandelle et d'une bougie que, pou
rappeler la matière première employée, j'appeller
chandelle et bougie de résine.

Pour fabriquer la chandelle ou la bougie de résin
je fais subir à la matière épurée ou n'ayant pas b
soin de l'être, les préparations suivantes :

1° On blanchit la matière avec une solution aqueus
de chlore par l'immersion dans un bain d'eau tièd
s'il s'agit des résines ordinaires, par l'ébullition dai
une solution faible de bicarbonate de soude.

Certaines matières résineuses, les goudrons de boi
par exemple, résistant au blanchiment, on n'obtier
en les employant que des produits noirs ou fortemer
colorés.

2° On dissout la matière, blanchie ou non, dai
l'alcool.

3° On mélange la matière rendue liquide avec u
corps gras quelconque, suif, huile, stéarine, cire, et

Les proportions de ce mélange varient suivant l

nature des matières employées et les produits qu'on veut en obtenir.

4° On coule dans les moules en prenant les précautions d'usage.

On se sert des mèches ordinaires.

CHAPITRE VIII.

MOYENS DE RECONNAITRE LA BONNE OU LA MAUVAISE QUALITÉ DES CHANDELLES.

Peut-on reconnaître à la simple vue si les chandelles sont de bonne ou de mauvaise qualité? C'est une question que l'on nous a souvent faite, il est important d'en consigner ici la réponse.

Il est impossible, à la simple vue, de juger avec certitude si une chandelle qu'on examine est de bonne ou de mauvaise qualité, c'est-à-dire si elle présente toutes les qualités qu'on doit désirer de voir réunies dans une bonne chandelle. Cependant on peut, par quelques caractères extérieurs, présumer qu'elle approche plus ou moins de la perfection.

1° En examinant la mèche, si l'on aperçoit que le coton est fin, égal, blanc et net, si les mèches ne sont ni trop grosses, ni trop petites, relativement à la chandelle, on peut juger que l'ouvrier a mis des soins dans cette partie.

2° En examinant la chandelle elle-même, on verra si elle a une forme agréable, si le corps de la chandelle est blanc d'un bout à l'autre, si le suif est sec et luisant. Il faut ensuite sentir la chandelle, elle doit conserver une légère odeur de suif, n'être pas grasse au toucher et avoir assez de consistance pour que, par la pression, les doigts ne fassent pas de cavités. Si l'odeur est forte, avec un goût de brûlé ou quelque autre mauvaise odeur, les chandelles doivent être rejetées. Les chandelles plongées sont en général mal fabriquées; il faut pour celles-ci avoir une sonde, comme pour le fromage; on en tire un petit cylindre jusqu'à la mèche, et si le suif n'est pas également blanc partout, il faut les rejeter, elles sont falsifiées et de mauvaise qualité.

Lorsqu'une chandelle présente les bonnes qualités que nous venons d'énumérer, elles annoncent les soins qu'on a mis à sa fabrication, et font présumer qu'elle a été faite consciencieusement; mais ce n'est pas encore une preuve matérielle de sa bonté. On ne peut reconnaître véritablement sa qualité qu'à l'usage, et encore en la comparant à d'autres chandelles dont on a reconnu la bonté. Cette comparaison doit se faire en les allumant l'une et l'autre en même temps. Pour que l'expérience puisse être réputée exacte, il faut que les deux chandelles soient de même grosseur, de même longueur et de même poids, et que les mèches soient sensiblement égales. Il faut les faire brûler dans une même chambre, à côté l'une de l'autre, avoir soin que l'air ne soit pas agité : on divise la hauteur de chaque chandelle en parties égales, en centimètres, par exemple; celle qui se consumera le plus lentement sera considérée comme étant fabriquée avec le meilleur suif.

Pour connaître quelle est celle qui donne la plus grande intensité de lumière, on place à 16 ou à 22 centimètres de distance de la flamme, une planche percée de deux trous, longs de 32 centimètres sur 13 millimètres de large, en ayant soin que la flamme soit bien vis-à-vis le milieu de la largeur du trou. On dresse verticalement vis-à-vis les ouvertures de la planche, par derrière, et à la même distance de la planche, deux bâtons ronds de 7 à 8 millimètres de diamètre. On reçoit la lumière sur deux cartons blancs dressés verticalement, et on les éloigne des bâtons jusqu'à ce que l'ombre qu'ils projettent sur les cartons soit de même intensité. La chandelle qui produit l'ombre la plus éloignée du bâton est la meilleure et dans le rapport du carré des distances. Voilà tous les renseignements qu'on peut donner pour répondre à la question proposée.

FIN DU MANUEL DU CHANDELIER.

NOUVEAU MANUEL COMPLET

DU

CIRIER

INTRODUCTION.

La cire étant la substance sur laquelle s'exerce l'industrie du *Cirier*, il conviendrait peut-être de parler de l'insecte qui la produit, de la manière de la récolter, de la séparer du miel, de la mettre en pains pour la livrer au commerce, etc. ; mais comme nous considérons seulement ici l'art du cirier proprement dit, nous ne devons nous occuper que des travaux qu'il pratique. Nous ne parlerons donc ni des abeilles, ni des premières opérations que les propriétaires des ruches mettent en usage pour former les pains de cire qu'ils vendent ensuite au cirier, et nous renverrons le lecteur désireux de connaître à fond ce sujet, au *Manuel pour gouverner les Abeilles*, de l'*Encyclopédie-Roret*.

On donne le nom de cirier à celui qui travaille la cire pour en fabriquer des cierges ou des bougies. Le cirier prépare la cire que lui livre l'apiculteur ; il la purifie et la blanchit. Les diverses manipulations de cet art seront développées dans autant de chapitres, et nous tâcherons de les décrire avec toute la clarté, l'ordre et la précision dont nous sommes capable.

Nous commencerons par donner des notions sur la nature, la composition et le commerce de la cire, sur les moyens de connaître sa bonne ou sa mauvaise qualité, et de distinguer les sophistications que l'esprit de fraude introduit souvent dans cette branche de commerce.

Nous traiterons ensuite de l'art de purifier la cire, de la blanchir et de la préparer pour tous les ouvrages dont s'occupe le cirier.

Nous indiquerons les manipulations nécessaires pour faire la bougie filée, les cierges, la bougie de table et généralement toutes les espèces de bougies et autres ouvrages qui sont du ressort de l'art qui nous occupe.

Nous ferons connaître la fabrication des diverses bougies de luxe et des bougies de cire végétale.

Enfin, nous décrirons quelques autres arts qui, quoique exercés par d'autres ouvriers que les ciriers, emploient la cire comme matière première, ou, sans employer la cire, font des ouvrages qui en portent le nom.

La fabrication des bougies de cire a trouvé une rude concurrence dans celle des bougies stéariques dont la matière première est à plus bas prix; mais il n'est pas impossible que l'apiculture, en se développant peu à peu, ne parvienne à livrer la cire à un prix plus modéré, et par conséquent ne permette au cirier de venir sur le marché lutter à armes égales avec son heureux concurrent.

CHAPITRE PREMIER.

NATURE DE LA CIRE, CIRES DIVERSES, SOPHISTICATION, QUALITÉS.

La cire est une substance sécrétée par divers insectes de l'ordre des hyménoptères, mais plus particulièrement, en Europe, en Orient et en Afrique, par l'*apis mellifera*.

La cire débarrassée du miel que renferment les rayons et du couvain est un corps, au toucher, légèrement gras, sec, d'une dureté moyenne, d'un jaune plus ou moins prononcé, insoluble dans l'eau, soluble dans 20 pour 100 d'alcool et d'éther bouillants, ainsi que dans les huiles fixes et certaines essences, d'une saveur douce et peu tranchée, d'une odeur légèrement aromatique, à cassure un peu grenue, fondant à 62° ou 63°, et brûlant sans laisser de résidu quand elle est pure. Sa densité est 0,975, celle de l'eau étant 1.

On distingue dans le commerce deux sortes de cires, à savoir : la *cire jaune, brute ou vierge* dont nous venons de faire connaître la propriété, et la *cire blanche*, c'est-à-dire la cire vierge après qu'elle a été soumise au blanchiment.

La cire blanche est une matière légèrement translucide sous une faible épaisseur, dure, cassante à 0°, mais facile à pétrir à 30°, fondant vers 65° et se décomposant lorsqu'on la soumet à l'ébullition, sans saveur, presque sans odeur, insoluble dans l'eau, soluble en partie dans l'alcool, très-soluble dans l'éther, les huiles essentielles et les huiles fixes, d'une cassure un peu grenue, brûlant sans résidu avec une flamme

blanche, et d'un grand pouvoir éclairant et d'une den
sité qui varie entre 0,960 et 0,966.

On trouve dans le commerce une très-grande va
riété de cires provenant tantôt de pays divers de pro
duction et offrant même, pour un même pays de pro
venance, des qualités différentes. Mais avant de nou
occuper de ces diverses cires, nous dirons un mot su
la nature et la composition de la cire.

ARTICLE Ier. — **Nature et composition de la cire.**

La cire a été l'objet d'un grand nombre de recher
ches chimiques, et sa composition a été examinée ave
soin par MM. Gay-Lussac et Thenard, John, Boude
et Boissenot, Saussure, Hesse, Gerhardt, Lewy, Ure
Brodie, etc.

Gay-Lussac et Thenard, Saussure et Ure ont fai
l'analyse élémentaire de la cire et y ont trouvé :

	Gay-Lussac et Thénard.	Saussure.	Ure.
Carbone. . .	81.79	81.59	80.69
Oxygène. . .	5.54	4.55	7.94
Hydrogène. .	12.67	13.86	11.37
	100.00	100.00	100.00

Lorsqu'on traite la cire jaune par l'éther, celui-c
s'empare de la matière colorante, et la cire se divise
alors en paillettes blanches très-déliées qui fondent
entre 64° et 65° et renferment, suivant M. Hesse :

Carbone.	80.79 à 80.84	
Hydrogène.	13.21 à 15.92	100
Oxygène.	6.00 à 5.94	

La cire des abeilles est un mélange de deux substances qui diffèrent entre elles par leur solubilité
dans l'alcool; l'une, qui y est fort soluble, a reçu le

nom de *Cérine* ou *acide cérotique*, l'autre, qui ne s'y dissout que fort peu, a été appelée *myricine* ou *palmitate de myricile*.

Myricine. Lorsqu'on traite la cire d'abeilles par l'alcool bouillant, la cérine s'y dissout et il reste un résidu de myricine qui fond à 65°, se dissout dans 200 parties d'alcool bouillant et dans 99 parties d'éther froid. La myricine passe en partie sans altération lorsqu'elle est soumise à la distillation sèche ; elle n'est pas saponifiée par la potasse bouillante ; au moins, après avoir été traitée par cet agent, elle présente encore le même point de fusion et la même solubilité. Sa solution alcoolique saturée à l'ébullition la dépose par le refroidissement à l'état de flocons.

Cérine. La dissolution que l'on obtient, en traitant la cire blanchie par de l'alcool bouillant, se prend par le refroidissement en une bouillie gélatineuse composée de fines aiguilles : ces cristaux sont la cérine. Elle se dissout dans 16 parties d'alcool bouillant, fond à 62°, et donne une émulsion trouble quand on la fait bouillir avec une lessive de potasse caustique. Cette émulsion évaporée à siccité et traitée par l'alcool à froid laisse une substance céreuse exempte d'alcali et qui, dissoute dans l'alcool, cristallise en flocons. Cette deuxième substance est la *céraïne* qui, suivant MM. Boudet et Boissenot, fond à 70°. D'après M. Estling, elle ne se liquéfie point dans une lessive de potasse bouillante.

Il est présumable que certaines variétés de cires ne renferment qu'un seul de ces principes.

La cire renferme en outre des quantités très-faibles de corps étrangers qui lui communiquent sa couleur, son odeur aromatique et son onctuosité.

D'après des expériences dues à M. Lewy, il paraî-
trait que la myricine est saponifiée par une dissolution de potasse concentrée et bouillante.

Lorsqu'on soumet la cire à la distillation sèche, il
passe une petite quantité d'eau acide qui renferme
suivant M. Poleck, de l'acide acétique et de l'acide
propionique. Il distille ensuite une substance d'apparence grasse qui prend, par le refroidissement, une
consistance butyreuse, et que M. Estling a trouvée
composée d'un hydrocarbure solide, de paraffine et
d'un mélange d'acides gras concrets, les acides palmitique et margarique.

Enfin, il passe des produits huileux à points d'é-
bullition très-variables, produits présentant la même
composition que l'éthylène dont ils sont probablement les polymères. Il se dégage du gaz carbonique
et du gaz oléfiant pendant toute la durée de l'opération. La quantité de charbon qui reste dans la
cornue est très-faible. On n'observe dans cette distillation, ni la production de l'acroléine, ni celle de
l'acide sébacique. Ce caractère permet de découvrir
dans la cire les moindres proportions de suif ou de
matière grasse, les corps gras ordinaires fournissant
ces derniers produits dans les mêmes conditions.

Gerhardt et Roxalds ont observé que lorsqu'on fait
bouillir la cire avec l'acide azotique, il se forme des
acides pimélique, adipique, succinique, etc., comme
lorsqu'on oxyde l'acide stéarique par la même méthode.

La potasse caustique saponifie complétement la cire
ou plutôt dissout l'acide cérotique et saponifie la
myricine.

L'acide cérotique se prépare en précipitant la solution alcoolique de la cérine par une solution alcoolique d'acétate de plomb et en séparant et précipitant le plomb par les moyens connus. Quand il est purifié, cet acide est un corps blanc, friable, d'un aspect cristallin, fondant à 79 ou 80°. Le chlore le convertit en une substance ayant l'apparence d'une gomme-résine, et il en est de même de quelques autres substances. Le produit a aussi tous les caractères d'un acide. Lorsqu'il distille à l'état de pureté, l'acide cérotique est volatil, et quand on le mélange à d'autres matières céreuses il se transforme entièrement par la distillation en huiles volatiles. La quantité d'acide cérotique contenu dans la cire d'abeilles est d'environ 22 pour 100. Elle varie probablement suivant les circonstances. Suivant John, Bucholz et Brandes, la cérine y entrerait pour les 9/10, tandis que ce ne serait que les 7/10 suivant Boudet et Boissenot. Une cire examinée par Hest renfermait 0,9 de myricine, mais, chose remarquable, de la cire d'abeilles de Ceylan n'en a pas présenté la moindre trace.

L'huile qui surnage l'émulsion cristalline d'une solution alcoolique saturée à chaud, en feuilles aciculaires, est d'un blanc éclatant. Ces cristaux prennent par la dessiccation un éclat satiné ; à 52° ils fondent en une huile transparente qui se concrète à 43°, en une masse cristalline. La composition et les propriétés de ce corps l'ont fait reconnaître pour de la paraffine.

Ainsi, en résumé, Brodie a trouvé que la cire ordinaire consiste en *acide cérotique* (appelée auparavant *cérine*) soluble dans l'alcool et dont la composition est représentée par la formule $C^{54}H^{54}O^4$, c'est-à-dire qu'elle fait partie de la série des acides gras $C^nH^nO^4$ et de *palmitate de melissether* ou *myricile* (ou de

myricine). En saponifiant la myricine, il a obten[u]
de l'acide palmitique et de la mélissine, cette der[-]
nière ayant pour formule $C^{60}H^{62}O^2$ ($= C^nH^n + {}^2O$[?]
ou celle d'un alcool. Par l'action de la chaux ou d[e]
la potasse sur la mélissine, Brodie a depuis obtenu u[n]
acide correspondant à l'acide mélissique $C^{60}H^{60}O^4$.

Un examen de la cire de la Chine l'a conduit à r[e]
connaître qu'elle consiste principalement en cérotat[e]
de cérotether $= C^{54}H^{55}O$, $C^{54}H^{53}O^3$; car par la sa[-]
ponification, il a obtenu l'acide cérotique $C^{54}H^{54}O$[?]
et la cérotine (alcool) $C^{54}H^{56}O^2$ $(C^nH^n + {}^2O^2)$.

<h3 style="text-align:center">ARTICLE II. — Des différentes espèces de cires
du commerce.</h3>

<h3 style="text-align:center">*Section* I. — CIRES ANIMALES.</h3>

On trouve dans le commerce plusieurs espèces d[e]
cires, provenant de localités différentes, dont la valeu[r]
varie selon qu'elles peuvent se blanchir d'une manièr[e]
plus ou moins parfaite.

<h3 style="text-align:center">§ 1. *Cires françaises.*</h3>

La *cire de Bretagne* est d'un jaune foncé; son odeu[r]
est forte et analogue à celle du pain d'épice. Elle es[t]
due, dit-on, à ce que le miel qui accompagnait cett[e]
cire a été recueilli sur le sarrasin (*Polygonum fago[-]
pyrum*); elle est avec ou sans pied et se trouve dan[s]
le commerce sous forme de pains très-variables de [3?]
à 30 kilog., et quelquefois en balles aussi très-varia[-]
bles de 75 à 100 kilog. Elle blanchit bien.

On sait qu'on nomme pied de cire, la partie infé[-]
rieure du pain de cire qui est fort impure, après qu[e]
celle-ci s'est solidifiée, et qu'on l'a retirée des vases[,]

La cire se débite avec ou sans pied, celui-ci étant re-
tranché avec un couteau après le refroidissement.

Cire des Landes. Cette cire est d'un jaune blond,
assez pure et d'une odeur agréable. Elle ressemble
par ses qualités à la cire de Bretagne, et les ciriers
ainsi que le commerce la classent au même rang.
Elle est livrée en pains et en balles de divers poids.

La *cire de Bourgogne* est d'un beau jaune, et ne
sent pas le pain d'épice. Elle est en pains de 5 à 60
kilogrammes que l'on expédie dans des paniers ou
dans des barriques à sucre. Elle ne peut se décolorer
complétement et n'est guère employée qu'à frotter
les appartements.

La *cire du Gatinais* jouit des caractères de la cire
de Bretagne, mais elle n'en a pas l'odeur et se blanchit mal. On la trouve ordinairement dans le commerce en petits pains sous forme de briques de savon
du poids de 2 à 3 kilogrammes.

Cire de Normandie. Elle ressemble à la cire de
Bretagne par plusieurs de ses caractères, et elle se
blanchit bien. On la débite en pains circulaires de
divers poids qu'on expédie dans des barils.

§ 2. *Cires étrangères.*

Cire d'Italie. L'Italie produit des quantités considérables de cire, et cependant elle en demande encore beaucoup à l'étranger. C'est celle dite de Venise
qui présente la plus belle qualité.

La *cire de Hambourg* se trouve dans le commerce
sous diverses couleurs qui varient du blanchâtre au
verdâtre, et au jaune vif. Son odeur est aromatique.
On la reçoit en petits pains de 2 à 3 kilogrammes,
renfermés dans des futailles pesant de 200 à 300 kilo-

grammes, ou dans des emballages bien conditionnés. Elle est susceptible de parvenir au deuxième blanc.

La *cire de Russie* est d'un jaune pâle, lisse et presque toujours privée de pied. On nous l'expédie en balles de toile forte, recouvertes d'une natte de jonc et cordées, pesant de 100 à 200 kilogrammes. Elle donne rarement une cire aussi blanche que celle de Hambourg.

La Russie est un des pays du globe qui produit la plus grande quantité de cire, et la culture des abeilles est la principale occupation d'un grand nombre de tribus, principalement dans les provinces de Kasar et d'Ourfa, et on trouve parmi les Baskirs des individus qui, dans leurs jardins, possèdent plus de 100 ruches et plus de 1000 dans les forêts.

La cire de l'Ukraine ne le cède guère qu'à celle de Smyrne et de l'Archipel, mais elle est mal blanchie et contient souvent du miel. Vient ensuite la cire de Pologne. Celle de Mingrelie est d'une qualité tout à fait inférieure. Les cires de Valachie et de Bessarabie sont très-bonnes.

Cire autrichienne. On cultive aussi activement les abeilles dans le Banat, la Croatie, l'Esclavonie, la Transylvanie, la Galicie, la Carinthie, la Carniole et la Styrie.

La *cire d'Amérique* est très-variable à cause de la grande étendue du continent dont elle provient, mais on peut dire qu'elle est généralement peu estimée. Cela tient à ce qu'elle est fort impure, et qu'elle ne se blanchit pas facilement. On la trouve en petits pains de 2 kilogrammes, ou en menu renfermé dans des balles très-variables par leur poids, mais qui vont rarement à 400 kilogrammes.

La *cire du Sénégal* est d'une couleur brun foncé et d'une odeur peu agréable. Elle est en plaques épaisses, allongées, ou en masses presque cylindriques pesant 25 kilogrammes environ. On la reçoit à nu, en surons, en caisses. Elle peut rarement atteindre un deuxième blanc.

Cire orientale des Iles. La cire est un article important de commerce avec l'Orient, mais les abeilles n'y sont pas à l'état de domesticité. Ce sont les îles de l'Inde qui fournissent cette cire, et surtout les îles Timor et Flores. Mais dans aucun pays, les abeilles ne paraissent mieux prospérer que dans la terre de Van Diemen où elles se multiplient à l'infini dans les forêts.

Parmi les cires du commerce, on citera encore celles de la Nouvelle-Zélande, de St-Domingue, de la Havane, du Mexique, de la Gambie, de Sierra-Leone, du Maroc, du Cap, de l'Afrique occidentale, etc.

Cire de la Chine. La cire de Chine est d'un jaune vif à l'intérieur, mais elle est revêtue à l'extérieur d'une croûte sale de couleur rembrunie. L'odeur en est agréable en pâte fine et elle est assez pure, quoiqu'il y reste encore un peu de miel. Ces différentes cires jaunes de Chine dont on trouve néanmoins des qualités assez diverses dans le commerce, se livrent au commerce en gâteaux plats, en boules, en briques, en parallélipipèdes, etc., celles blanchies en pains ou en gâteaux plats.

Cire des Andaquies. Est le produit d'une petite espèce d'abeille sauvage (*caveja*) de la famille des mélipones, qui habite les Cordillières de la Nouvelle-Grenade, et que les Indiens récoltent en grande quantité. Cette cire, qui a une couleur jaunâtre purifiée par l'eau bouillante, fond à 77° et possède une densité de 0,907 à 0° C. M. Lewy l'a trouvée composée de trois principes différents :

La cire de palmier (fusible à 72°) environ.   50 p. 100
La cire de la canne à sucre ou cérosie, fusible à 82°.   45
Une matière huileuse.   5

Sa composition est la suivante :

Carbone.	81.65	81.67
Hydrogène.	13.61	13.50
Oxygène.	4.74	4.83
	100.00	100.00

Section II. — CIRES VÉGÉTALES.

La pulpart des cires végétales s'obtiennent de deux espèces de palmiers et de plusieurs espèces du genre *myrica* qui sont par excellence des plantes cérigères, d'une espèce de figuier, de deux espèces au moins de cucurbitacées, de deux espèces de sumac et d'autres plantes encore inconnues.

La *cire des myrica* exsude de la surface des fruits, surtout vers l'époque de leur maturité. Elle est sécrétée à l'état liquide, mais durcit promptement au contact de l'air où elle forme une poudre blanche présentant sous le microscope, l'aspect d'écailles déliées. Dans la plupart des cas, cette cire, disons-nous, exsude sur le fruit, mais il en est beaucoup d'autres plus ou moins abondantes qui sont sécrétées sur la tige et bien plus souvent sur les feuilles, et dans tous les cas, les propriétés essentielles de cette sécrétion paraissent identiques. Selon M. Chevreul, elle donne, quand on la saponifie, des acides gras et de la glycérine et fond de 47°5 à 49°.

Cire carnauba (*copernicia cerifera*, Mart.; *corypha cerifera*, Camara). — Les feuilles de ce palmier produisent une sorte de cire qu'on obtient en battant les jeunes feuilles détachées de l'arbre et qui fournissent chacune 2 à 3 grammes d'une poudre blanche, écailleuse qu'on fait fondre dans des pots en fer. Cette cire, dite végétale, a une couleur jaune citron, qu'on n'est pas encore parvenu à lui faire perdre; elle est soluble dans l'alcool bouillant et dans l'éther, et fond à 83° C. Le palmier qui fournit cette cire, végète principalement dans les districts septentrionaux du Brésil, soit isolé, soit en nombre considérable.

La cire carnauba est soluble dans l'alcool bouillant et dans l'éther; elle se prend par le refroidissement en une masse cristalline. Elle fond à 83°5, est très-cassante et se laisse aisément pulvériser. M. Lewy l'a trouvée composée de :

Carbone.	80.36	80.29
Hydrogène.	13.07	13.07
Oxygène.	6.57	6.64
	100.00	100.00

Cire de palmier ou *céroxyline* (*Iriartea andicola*, Spn.; *ceroxylon andicola*, Humb. et Bon.). Ce palmier, découvert par Humbold dans la Cordillière à la pass de Quindin, a le tronc recouvert d'un enduit qui, d'après Vauquelin, se compose de 1/3 cire et 2/3 résine qu'on recueille en grattant l'arbre et fait fondre, puis mélange à du suif pour en faire des chandelles; jusqu'à présent, elle a peu figuré dans les articles du commerce européen. Elle est sous la forme

d'une poudre grisâtre qui devient blanchâtre quan[d]
on la traite d'abord par l'eau bouillante, puis pa[r]
l'alcool bouillant qui en dissout à peine ; elle fon[d]
alors à 72°.

Elle a donné à l'analyse :

	Boussingault.	Lewy.	Teschemacher.
Carbone.	80.48	80.73	80.28
Hydrogène. . . .	13.29	13.30	13.20

Cire de Bahama (*Myrica cerifera*). Produit brut d[u]
myrte de l'Amérique du Nord, qui végète dans toute[s]
les forêts des Etats-Unis. Pour recueillir la cire, o[n]
fait bouillir les baies, on laisse refroidir et on enlèv[e]
avec une écumoire la cire qui flotte à la surface.

Cire de la Caroline (*Myrica carolinensis*). Arbust[e]
qui donne annuellement jusqu'à 3 kil.5 de baies don[t]
il faut 4 kilogrammes pour fournir 1 kilogramm[e]
d'une cire verdâtre et plus consistante que celle d'a-
beilles par une ébullition dans l'eau.

Cire du Cap. Provient de cinq espèces et de deu[x]
variétés de myrica indigènes dans l'Afrique méri-
dionale et commence à attirer l'attention du commerce. Ces cinq espèces sont *Myrica cordifolia; M.*
Æthiopica; M. serrata; M. quercifolia; M. laciniata,
et probablement encore d'autres espèces qui ont été
vues, mais non spécifiées.

Cire des Açores (*Myrica faba*). Les baies de cet
arbre sont cérifères, mais n'ont pas encore été re-
cueillies et utilisées aux Açores.

Cire de Colombia (*Myrica macrocarpa*). Cette espèce fournit une excellente cire dont on a déjà vu
des échantillons en Europe, mais diffère peu de la
cire de Bahama.

Cire de St-Domingue. Cire jaunâtre à reflet verdâtre, dure, cassante et ressemblant beaucoup aux autres cires des myrtacées.

CIRE DU JAPON (*Rhus succedanea*, Lin.). Cette cire, qui fait l'objet d'un commerce considérable avec le Japon, arrive en pains ronds de 10 à 12 centimètres de diamètre et 2 1/2 d'épaisseur, ou en gros blocs du poids de plus de 50 kilogrammes. Elle fond à 54°4 C., et on en fait des bougies au Japon. Les habitants cultivent cette petite plante dans tous les points solitaires de leurs propriétés à raison de son produit. Cette cire est plus molle, plus cassante et d'un aspect au toucher plus gras que celle d'abeilles et se pétrit plus aisément. Quelques naturalistes pensent qu'elle est due à la piqûre d'un insecte des genres *Coccus* ou *Cicada* qui vit sur cet arbre et qu'on cultive en Chine et au Japon. Suivant MM. Opermann, Brandes, Sthamer et Meyer, cette cire ne serait que de la palmitine.

CIRE VÉGÉTALE (*Rhus vernicifera*, De Cand.). Cette plante, indigène au Japon, produit aussi une cire molle, mélangée souvent à la précédente.

CIRE PEETHA (*Benincasa cerifera*). Le fruit de cette cucurbitacée sécrète à sa surface une matière cireuse analogue à la fleur de nos prunes, mais bien plus abondante.

CIRE DE BOULEAU (*Betula nana*). Le doct. Royle affirme que cet arbre fournit une cire tout à fait semblable à celles de diverses espèces de myrica.

CIRE GELAH LAHOE (*Ficus cerifera*). Le figuier de Sumatra donne une exsudation cireuse connue sous le nom indiqué et dont on fait des bougies.

CIRE GELAH PODAH. Espèce de cire verte de Biliton,

Chandelier. Tome II.   9

petite île de l'Archipel oriental, à l'est de Sumatra, peut-être la même que la précédente.

Cire Goingamadon. Qu'on extrait du Goingamador ou arbre à cire de Cayenne dont on a essayé l'acclimatation en Algérie. Cette cire a une très-grande ressemblance avec celle d'abeilles; l'arbre qui la fournit végète avec vigueur et peut, quand il est adulte, donner 20 à 25 kilogrammes de cire tous les ans.

CIRE MAFURRA. Cire végétale de Mozambique, sur la côte d'Afrique, qu'on a récemment tenté d'introduire dans le commerce. Les naturels appellent *Matiana* l'arbre qui la produit, et on la récolte en abondance à Juhamban. D'après MM. Bouis et d'Oliveira Pimentel, elle est fournie par la graine du Brindonier (*Brindonia indica*) qui végète dans la presqu'île de l'Inde et non à Mozambique.

Cire de virola sebifera. Suivant M. Laporte, le *virola sebifera* est très-commun au Brésil dans la province de Ceara où sa graine porte le nom de graine d'*antirobus*.

Cire d'Ocuba. Provient du fruit d'un *myristica* du Para et de la Guyane française. Cette cire est d'un blanc jaunâtre, soluble dans l'alcool bouillant et fusible à 36° 1/2. Son analyse a donné :

Carbone.	73.90	74.09
Hydrogène.	11.40	11.30
Oxygène.	14.70	14.61
	100.00	100.00

Cire bicuhyba, fournie par le *myristica bicuhyba* est jaunâtre, se dissout dans l'alcool bouillant et fond à 35°. M. Lewy l'a trouvée composée de :

Carbone.	74.37	74.39
Hydrogène.	11.10	11.13
Oxygène.	14.53	14.48
	100.00	100.00

Cire de sumachinées. Le *Rhus succedanea* et le *Rhus vernicifera* ne sont pas les seuls sumacs qui fournissent de la cire, il paraît qu'on peut encore en extraire du *R. copallina*, du *R. typhinum*, et M. Kittel en a obtenu aussi du *R. toxicodendron*, etc.

Pain de Dika. — Le pain de Dika est une substance alimentaire venant du Gabon et préparée avec les amandes d'une espèce de manguier (*Mangifera gabonensis*). Il renferme une quantité considérable de matière grasse. Un échantillon examiné par M. A. C. Oudemans a cédé à l'éther 66 °/₀ d'une matière grasse jaune assez dure, fondant à 33°,5. Cette dernière a été saponifiée par la potasse; le savon de potasse a été transformé en savon de soude à l'aide du chlorure de sodium. Le savon de soude, lavé avec une solution de chlorure de sodium, a été dissous dans l'eau ammoniacale et précipité par le chlorure de calcium. Le savon calcaire, lavé à l'eau, n'a abandonné à l'éther qu'une très-petite quantité d'une matière visqueuse dans laquelle on n'a pas trouvé d'acide oléique. La partie insoluble dans l'éther, décomposée par l'acide chlorhydrique, a fourni un mélange d'acides gras, solides à la température ordinaire et qui, traité par des cristallisations fractionnées dans l'alcool, puis par des précipitations fractionnées à l'aide de l'acétate de baryte, ne s'est séparé qu'en deux acides, l'*acide myristique* ($C^{28} H^{28} O^4$), fusible à 53°,8, et l'*acide laurique* ($C^{24} H^{24} O^4$), fusible à 43°5. L'acide myristique paraît former beaucoup plus de la moitié des acides gras du pain de Dika. C'est donc une matière analogue aux cires.

Cires des cochenilles. — La plus connue de ces matières est celle à laquelle on a donné le nom de *cire de la Chine*, et qu'on récolte, à ce qu'il paraît, sur un arbre de la famille des figuiers. MM. Targioni et Tozzetti ont fait connaître récemment quelques détails intéressants sur cette cire et sur celles qu'on peut récolter sur d'autres figuiers.

La cire de la cochenille du figuier, employée en Chine, y est connue sous le nom de *cire des arbres*. Elle provient d'un insecte qui a déjà reçu plusieurs dénominations en Europe (*Coccus cereus*, Walk.; *C. Pela, C. sinensis*, Westw.; *Eurycerus pela*, Guérin), et que M. Targioni a lui-même appelé *Pela cerifera* dans la même intention, mais ne connaissant pas le nom que M. Guérin lui avait donné.

C'est un corps blanc qui ressemble au blanc de baleine et qu'on purifie en le faisant cristalliser dans un mélange d'alcool et de naphte. C'est, suivant MM. Brodie et Lewy, un cérotate de céruse peu soluble dans l'alcool, fournissant, à la distillation, de l'acide et du cérotène, et qui a donné à l'analyse :

	Lewy.		Brodie.		Calcul.
Carbone. . . .	80.60	80.71	82.31	82.16	82 32
Hydrogène.. .	13.13	13.49	15.37	13.58	13.71

On connaît aussi des cochenilles à cire du Cap (*Coccus myricæ*, Fab.), et d'autres rencontrées plus récemment à la Jamaïque, au Chili, au Brésil.

La cochenille du figuier, très-commune dans le midi de l'Europe (*Coccus caricæ*, L.), dont on a fait plusieurs espèces en prenant ses états différents, et qui a été décrite sous le nom de *Columnea cerifera*, peut donner, comme celles des autres pays, à l'éther ou à l'eau bouillante 60 à 65 pour 100 de son poids d'une espèce de cire jaunâtre, ferme, soluble dans l'éther sulfurique complétement, soluble dans l'alcool seulement en partie, fusible à 51-52 degrés centigrades.

Cette substance, analysée par M. Forto-Sestini, se divise par l'alcool en :

Matière soluble à froid (céroléine de M. Lewy?). .   51.3
Matière soluble dans le liquide bouillant, fusible à
   78 degrés centigrades (acide cérotique). 12.7
Matière insoluble dans l'alcool, même bouillant
   (myricène ou palmitate de myricile), fusible de
   71 à 73 degrés centigrades. 35.2
Perte. 0.8

En portant vis-à-vis de cette composition celle de la cire des abeilles, on trouve :

Cire des abeilles.

Céroléine. . . . .   0 4 à 0.5 (Lewy)
Acide cérotique. . . . . . .   0.22 (Brodie).
Myricine impure 0.73

Cire de la cochenille du figuier.

Céroléine. . . . .   51.33 p. 100
Acide cérotique. 12.7
Myricine. 35.2
Perte. 0.8

D'où l'on voit que le trait caractéristique de la composition de cette espèce de cire repose dans la proportion très-considérable de la céroléine.

On n'a pas, jusqu'ici, d'analyses complètes des autres espèces de cire de cochenilles. Celle du *Coccus pela*, fusible à 85° C., se dissout seulement en partie dans l'alcool; celle du *Coccus psidii,* Chav., fond à 75°, et, par son aspect ainsi que par sa propriété de s'électriser par frottement, elle se rattache probablement bien plus aux résines qu'à la cire.

Les cires ou les résines des cochenilles du Brésil ne sont pas récoltées; cependant, puisqu'on recueille en Chine le *Coccus pela* et son produit, il serait très-praticable de récolter celui de la cochenille du figuier en répandant l'insecte sur des plantations de figuier, à l'instar de ce qu'on fait pour la cochenille tinctoriale en Amérique et ailleurs.

Cires fossiles, ozokerite. — Dans quelques localités de la Gallicie où l'on rencontre du naphte et du pétrole, on a découvert depuis quelque temps et mis dans le commerce une matière cireuse qui ressemble beaucoup à la paraffine et à laquelle on a donné le nom d'*ozokerite* ou cire minérale. Cette matière, qui a une couleur noir verdâtre foncé, fond entre 50° et 60° C., et, à raison de ses propriétés, peut, dans bien des cas, remplacer la cire et ses surrogats. Elle est à peu près inattaquable par les acides étendus et les solutions alcalines, et peut être substituée aux matières grasses dans beaucoup de circonstances.

Schéerétite. — Matière cireuse, blanc grisâtre, d'un éclat gras et tendre, qu'on trouve près de Usnach, canton de Saint-Gall, en Suisse, au milieu de bois fossiles. Elle fond à 114°, bout à 200°, est insoluble dans l'eau, mais soluble dans l'éther ainsi que dans les acides sulfurique et azotique à chaud. C'est un carbure d'hydrogène qui brûle avec flamme fuligineuse et répandant une odeur assez désagréable.

Nous passerons sous silence quelques autres matières minérales qui ont l'aspect de la cire ou jouissent de quelques-unes de ses propriétés, telles que la *naphtaline*, l'*élatérite*, etc.

ARTICLE III. — Sophistication de la cire.

La cire, tant à l'état blanchi qu'à l'état brut, est très-sujette à être sophistiquée, d'autant mieux que la pureté de la cire jaune des pays étrangers paraît toujours douteuse et que l'impureté des pains de cire blanche est considérée comme une chose à peu près certaine.

On peut partager en deux classes les matières étrangères qu'on introduit frauduleusement dans ces deux sortes de cires, à savoir, celles qui sont fusibles ou solubles dans la cire fondue à la température du bain-marie et celles qui restent insolubles ou ne se mélangent pas avec la cire fondue dans les mêmes circonstances. Ces dernières pouvant être découvertes très-aisément, sont peu fréquentes et ne méritent guère qu'on enseigne le moyen de les constater. La résine, les matières grasses, le blanc de baleine sont les principales matières qui appartiennent à la première classe.

1° MM. Chritison et Pereira ont prétendu que pour découvrir la résine, il suffit de l'action de l'alcool froid qui ne dissout que la cire pure, mais le fait ne paraît pas parfaitement exact, parce que des analyses plus récentes ont démontré que l'un des principes de la cire, la céroléine, était soluble dans l'alcool froid. Cependant cette céroléine constitue 4 à 5 pour 100 de la cire, c'est une matière de nature grasse qui donne la couleur, l'odeur et la ténacité à la cire, toutes propriétés dont manquent les autres éléments, à savoir : l'acide cérotique qui y entre parfois jusqu'à

22 pour 100 et la myricine qui en forme la principale masse.

Si on traite la cire additionnée de résine, de galipot ou de poix de Bourgogne par 3 à 4 gouttes d'acide sulfurique, elle prend, quand elle a été amenée par la chaleur à l'état fluide, une couleur rouge sang-dragon, et en se solidifiant une teinte violacée ou verdâtre suivant la proportion de la résine.

D'après M. Th. Chateau, le pernitrate de mercure, l'acide azotique et l'acide phosphorique ne donnent ni à froid ni à chaud de coloration avec la cire blanche, mais si celle-ci a été allongée avec la résine, le pernitrate de mercure donne à chaud une coloration jaune d'or clair, l'acide azotique une coloration jaune serin clair et l'acide phosphorique à chaud seulement une coloration jaune d'or.

2° On découvre les matières grasses dans la cire par la mollesse, l'adhérence aux doigts, la saveur et l'odeur. Le blanc de baleine qu'on y ajoute si fréquemment est, à raison de l'analogie de composition, plus difficile à découvrir, mais par cela même ce mélange est moins nuisible tant sous le rapport pharmaceutique que sous ceux où on emploie le plus communément la cire.

Un examen très-attentif des propriétés physiques d'une cire étant probablement un excellent moyen pour le commerçant d'en déterminer la qualité, voici quelques résultats obtenus par M. Proctor et qui auront leur utilité. Il a pris de bons échantillons de cire jaune et de cire blanche dont l'origine était certaine et les a fait fondre au bain-marie avec du blanc de baleine, de la résine ambrée pâle, du saindoux dans les diverses proportions ci dessous :

Nᵒ 1. Cire jaune.. . . . . . 8 et blanc de baleine 1
2. Id. . . . . 8 id. 2
3. Id. . . . . 8 axonge. 2
4. Id. . . . . 8 résine. 2
5. Id. . . . . 8 id. 1
6. Cire blanche en bloc 8 et blanc de baleine 2
7. Id. . . . . . . 8 { blanc de baleine. . 1 / résine. 1
8. Id. . . . . . . 8 axonge. 1
9. Id. . . . . . . 8 blanc de baleine. . 8
10. Id. . . . . . . 8 id. 24
11. Id. . . . . . . 8 { blanc de baleine. . 8 / axonge. 4

Presque toutes ces additions ont enlevé de la dureté
et de la fermeté à la cire. La cire jaune avait un
meilleur aspect et son odeur n'a pas été affectée par
le blanc de baleine, l'axonge lui a donné une légère
odeur de graisse ; la résine était facile à distinguer
quand elle était en forte proportion, à peine quand
cette proportion était faible.

La cire blanche a été améliorée dans sa couleur
par le blanc de baleine et le saindoux, mais dété-
riorée par la résine. Les odeurs de l'axonge et de la
résine se percevaient plus aisément avec la cire blanche qu'avec la jaune. Dans les deux cas, c'était celle
de l'axonge qui était la plus facile à constater, en
frottant sur une plaque en plâtre chauffée à 100°,
mais pas assez chaude pour réduire la cire en vapeur.
Celle de la résine était aussi manifeste par ce moyen,
même quand on élevait au point où la matière com-
mençait à fumer.

La cassure brute et farineuse de la cire pure est
à grain plus fin, plus doux et moins sensible par l'addition du saindoux ou du blanc de baleine et devient
brillante et plus grenue avec la résine.

La cire pure devient plastique vers 35°, et on connaît ses caractères quand on la pétrit entre le pouce et l'index. Une boulette de la grosseur d'un pois travaillée ainsi entre les doigts jusqu'à ce que la chaleur de la main l'ait rendue plastique, puis placée sur le pouce et frappée avec force par l'index, se boucle, suit le doigt et est marquée d'un sillon longitudinal. Les échantillons n°ˢ 1 et 2 essayés de cette manière sont plus doux, bouclent moins sous le choc du doigt et au lieu de sillons longitudinaux présentent une surface granuleuse et plastique. Le n° 3 s'étale sur le pouce comme du cérat. Le n° 4 est plus mou que la cire pure, plus collant, s'étale plus aisément, boucle moins et affecte des sillons longitudinaux. Le n° 5 ressemble beaucoup au n° 4. Le n° 6 est semblable aux n°ˢ 1 et 2 sous le rapport de la consistance. Le n° 7 est mou, collant, et d'une mauvaise couleur. Le n° 8 s'étale comme du cérat. Le n° 9, plus mou que la cire pure, peut s'étirer avec les doigts, boucle moins que la cire pure et prend une surface granuleuse et farineuse. Le n° 10 se réduit en farine quand on le pétrit. Le n° 11 s'étale comme un cérat.

Le savon jaune de résine donne une idée de l'aspect et du toucher des échantillons de cire fraudés par le saindoux sous le rapport du toucher, collant et de la manière de se comporter quand on le traite entre les doigts.

Il est présumable qu'une grande partie des pains de cire blanche qu'on trouve dans le commerce sont allongés avec moitié de blanc de baleine et parfois même par les trois quarts.

Lorsque la cire a été falsifiée par le suif, on le reconnaît à la saveur et à l'odeur peu agréables de cette dernière matière, surtout par des fumées plus épaisses et plus piquantes que celles de la cire pure. Elle donne aussi de l'acide sébacique quand on la distille en vase clos, acide qui précipite avec le plomb du sébate de plomb.

M. Lepage a d'ailleurs indiqué les variations dans le point de fusion que subit la cire allongée avec du suif et consigné les résultats qu'il a obtenus dans le tableau suivant :

	Point de fusion.		Point de fusion.
Cire jaune.	64° C.	Cire blanche.. . . .	69 à 70° C.
Cire jaune renfermant son poids de suif.	59 à 60	Cire blanche renfermant son poids de suif. . . .	64
1/3.	60	1/3.	65
1/4.	61	1/4.	66
1/6.	62	1/6.	67
1/8.	63	1/8.	68
1/10.	63 à 64	1/10.	69
1/12.	64	1/12.	69 à 70
1/16.	64	1/16.	69 à 70
1/20.	64	1/20.	69 à 70

La densité peut aussi servir à constater le mélange du suif à la cire. En effet, celle des cires jaunes et blanches est de 0,962 et celle du suif 0,881. M. Legrip a fondé sur cette différence un mode d'essai en préparant à 15° C. deux liqueurs cérométriques, l'une dont le volume est en poids égal au volume semblable de cire pure et marquant 29° à l'alcoomètre de Gay-Lussac, et l'autre dont un volume soit égal en poids à un volume de suif pur et marquant 46° à l'alcoomètre.

Pour faire l'essai d'une cire, on en lève un échantillon moyen et on le plonge à 15° dans une liqueur cérométrique préparée dans des proportions telles d'eau et d'alcool que cette cire reste suspendue dans la liqueur entre la surface et le fond. On enlève alors l'échantillon et on plonge l'alcoomètre dans la liqueur. Le degré que marque ce dernier entre 29° et 46° indique la richesse centésimale de l'échantillon en cire et la différence celle du suif. Voici quelques expériences faites par M. Legrip avec ces liqueurs :

Cire. . . .	100	Suif. . . .	0	29°
Cire. . . .	75	Suif. . . .	25	33°3
Cire. . . .	50	Suif· . . .	50	37°5
Cire. . . .	25	Suif. . . .	75	41°7
Cire. . . .	0	Suif. . . .	100	46°

M. Vogel a conseillé pour reconnaître l'adultération de la cire blanche par le suif, l'emploi du chloroforme qui dissout à la température ordinaire 25 pour 100 de cire et laisse 75 pour 100 de résidu. Une cire blanche qui, dissoute dans 6 à 8 parties de chloroforme, laisse un résidu supérieur au quart de son poids, a donc été allongée avec du suif.

Enfin, on a mélangé aussi à la cire de la stéarine et de l'acide stéarique.

Pour constater la présence de l'acide stéarique, on peut se servir aussi du chloroforme; mais M. Locassin a indiqué aussi l'emploi de l'ammoniaque ou de l'eau de chaux.

Si on broie dans un mortier de la cire avec l'ammoniaque liquide pure, et que la liqueur prenne un aspect louche, la cire a été fraudée avec l'acide stéarique, et ce louche est dû à la formation d'un stéarate d'ammoniaque.

En chauffant la cire réduite en lanières très-minces avec de l'eau de chaux, celle-ci reste claire si la cire est pure, mais si cette cire est allongée avec de l'acide stéarique, il se forme un stéarate de chaux qui trouble sa transparence.

M. Lebel a indiqué, pour constater qu'une cire a été fraudée par la stéarine, un moyen très-sensible. Pour cela on fait fondre une partie de cire dans 2 parties d'huile, on bat le tout avec son poids d'eau, et on y ajoute quelques gouttes d'extrait de saturne ou sous-acétate de plomb. Il se forme aussitôt un stéarate de plomb très-ferme qui se précipite.

3º On falsifie parfois la cire d'abeilles avec la paraffine qui, ajoutée même dans la proportion de 3/4, conserve encore au mélange l'aspect et l'odeur de la cire jaune, mais avec moins de ductilité et un peu plus de fusibilité, son point de fusion étant 50º C., tandis que celui de la cire pure a été, sur un grand nombre d'échantillons, entre 62º et 64º. Voici par quelles considérations M. le prof. Landolt, de Bonn, est parvenu à constater la présence de la paraffine.

Si on fait chauffer de la cire pure d'abeilles avec l'acide sulfurique fumant, on la décompose promptement et complétement en observant la formation d'une grande quantité d'écumes, et on obtient pour résidu une masse noire gélatineuse. Lorsque la quantité d'acide sulfurique employé est considérable, ce résidu se compose d'un liquide dont la surface est couverte de gouttes d'une matière qui n'est nullement huileuse, mais qui se solidifie par le refroidissement et qui, en se mêlant avec l'eau, ne laisse paraître aucune trace d'un corps analogue à la paraffine. On sait, au contraire, que cette dernière substance n'est attaquée, même à chaud, qu'avec lenteur par l'acide sulfurique fumant, et que par conséquent cet acide four-

nit un moyen d'en séparer la cire qui peut y être mê-
langée.

Pour essayer donc si une cire contient de la para-
fine, on place dans une capsule de porcelaine u
échantillon de la grosseur d'une noix et un excès d'a
cide sulfurique fumant. Aussitôt après la fusion de l
cire, on observe une réaction assez vive et une for
mation d'écumes d'autant moins abondantes que l
proportion de paraffine est plus grande. Lorsque l
dégagement des gaz a à peu près cessé, on continu
de chauffer pendant quelques minutes encore, pui
on laisse refroidir le mélange. La paraffine forme alor
au-dessus de l'acide sulfurique une couche solide e
transparente qu'il est très-facile de séparer.

Il convient d'employer l'acide sulfurique fuman
en excès tel, que le résidu noir reste liquide, parc
que si la quantité est moins forte, la paraffine, sépa
rée, est sujette à se trouver mêlée avec les produit
de la décomposition de la cire. Si cet inconvénient s
manifestait, il suffira, pour obtenir la paraffine incolore, de faire refondre avec d'autre acide sulfuriqu
fumant.

Plusieurs analyses quantitatives, faites sur des mélanges connus de paraffine et de cire, ont prouvé que
la quantité de paraffine extraite par le procédé qui
précède est toujours plus faible que la quantité réelle,
par suite de l'action progressive que l'acide sulfurique fumant exerce à chaud sur cette matière lorsque
l'on prolonge l'opération. Ainsi, des mélanges où l'on
avait introduit 50 et 75 pour 100 de paraffine n'en
ont rendu que 45 et 68.

Ce procédé permet de découvrir des quantités même
très-petites de paraffine. L'acide sulfurique ordinaire

non fumant ne peut être employé pour cet essai, parce qu'il détruit la cire trop lentement.

Les autres procédés proposés précédemment pour parvenir au même but n'ont pas donné à M. Landolt de résultats nettement tranchés. La plus petite quantité d'un corps gras ou analogue à la cire, dans la paraffine, suffit pour en altérer l'éclat caractéristique, qui ne peut être rétabli qu'au moyen du traitement par l'acide sulfurique fumant.

M. Liès-Bodard a repris la question et pense qu'on réussirait peut-être mieux à constater la sophistication de la cire par la paraffine, par une saponification et une éthérisation. Voici sa manière d'opérer :

On dissout 5 grammes de la cire paraffinée dans 50 centim. cubes d'alcool amylique ou esprit de bois, on porte à 100° C. au bain-marie. D'un autre côté, on chauffe également à 100° cent centim. cubes d'acide sulfurique fumant étendu de la moitié de son volume d'eau. On verse dans l'alcool et on maintient sur le feu jusqu'à ce que tout dégagement de bulles ait cessé, enfin on laisse refroidir. On retire avec facilité un gâteau dont le poids est plus du double de celui de la cire employée, et qui est un mélange de paraffine, d'alcool mélissique, de cérotate et de palmitate d'amyle, les trois derniers étant déjà un peu altérés par l'action de l'acide sulfurique en excès. On traite ce gâteau au bain-marie à 100° par 50 centim. cubes d'acide sulfurique monohydraté et 25 centim. cubes d'acide de Nordhausen ; l'attaque qui est modérée dure 2 heures environ, et dans tous les cas on doit aller jusqu'à ce qu'il ne se dégage plus la moindre bulle de gaz, même pendant l'agitation avec une baguette de verre ; il est important que tout soit charbonné, moins la paraffine.

Après le refroidissement, on obtient un gâteau charbonné qu'on exprime et qu'on dissout à 100° dans 50 centim. cubes d'alcool amylique, et on dispose un filtre sur un entonnoir de verre placé lui-même dans un entonnoir de fer-blanc rempli d'eau bouillante, précaution sans laquelle le liquide ne passerait pas. On lave une première fois avec 50 centim. cubes d'alcool, puis une seconde fois avec la même quantité, cela fait en tout 150 centim. cubes. On chauffe la dissolution à 100°, et on y verse 70 centim. cubes d'acide sulfurique monohydraté, à peu près la quantité nécessaire pour transformer l'alcool en acide sulfamylique qui ne dissout pas la paraffine, et on maintient encore 10 minutes sur le feu. On laisse refroidir et on obtient un gâteau de paraffine qui n'est pas encore pur, mais que l'on purifie par le procédé Bodart. Si la carbonisation a été bien faite, deux purifications suffisent ; le dernier gâteau est la quantité exacte de paraffine.

M. Liès-Bodart assure que de cette manière, sur 5 grammes de cire contenant 2 grammes de paraffine, il en a retrouvé 1 gr.99.

Dans cette opération, la paraffine n'est pas touchée, elle le serait, au contraire, probablement si on employait l'acide de Nordhausen pur ; de sorte que la méthode de M. Landolt n'est pas suffisamment exacte.

Enfin, dans un mémoire intitulé *Essai hydrostatique de la cire d'abeilles dans son mélange avec la paraffine,* publié en 1868, M. R. Wagner, de Würzburg, a discuté les méthodes précédentes et en a exposé une nouvelle paraissant offrir de sérieuses garanties, et qui, d'ailleurs, est d'une application facile et usuelle. Nous donnerons ici un extrait étendu de ce mémoire :

« Depuis qu'on a vu fleurir l'industrie de la paraffine, il arrive souvent, dit M. Wagner, qu'on falsifie la cire d'abeilles avec cette substance. Dans ces dernières années, plusieurs chimistes se sont occupés des moyens de découvrir cette fraude. C'est ainsi (sans mentionner les travaux de MM. Marx et Fehling sur la cire, qui n'ont pas examiné son mélange avec la paraffine) que M. Landolt a proposé de faire usage de la propriété de l'acide sulfurique fumant, de carboniser la cire et de laisser intacte la paraffine pour doser la quantité de celle-ci dans la cire. Mais les recherches de MM. Dullo et Breitenlohner ont démontré que ce mode d'épreuve n'était applicable que dans des cas extrêmement rares, parce que, pour falsifier la cire, on ne se sert pas de la paraffine à faire les bougies, mais de ce qu'on appelle beurre de paraffine, qui est détruit avec la même facilité que la cire par l'acide sulfurique concentré.

« Le mode d'essai récemment proposé par M. Liès-Bodart pour essayer la cire, et qui repose sur le dosage d'un hydrocarbure $C^{54}H^{54}$ qui serait contenu dans la cire, me paraît, avec la composition variable de la cire et, malgré les travaux de Brodie, l'état toujours imparfait de nos connaissances sur la constitution de la cire, reposer sur une base peu sûre, sans compter la nature complexe du procédé entier.

« Enfin, dans ces derniers temps, M. Payen a recommandé un mode d'épreuve basé sur l'appréciation du point de fusion de la cire qu'on veut essayer, procédé qu'on peut très-bien appliquer lorsqu'il s'agit de constater la pureté d'une sorte de cire, mais non

pas au dosage de la quantité de paraffine qu'on y
ajoutée, parce que les différentes paraffines possède
des points de fusion très-divers et qu'on ne conna
pas l'influence des diverses sortes de paraffines s
l'abaissement du point de fusion d'un mélange de ci
et de paraffine.

« Un moyen qui me paraît avoir une plus grand
valeur est la détermination du poids spécifique de c
mélanges, attendu que la cire normale a un poids sp
cifique constant, et que le poids spécifique des sort
de paraffine de diverses origines n'oscille qu'entre d
limites fort étroites, enfin que les densités de la ci
et de la paraffine sont assez distantes l'une de l'autr

« Les résultats de mes expériences sur la déterm
nation des densités de la cire, de la paraffine et d
mélange de ces deux substances, constituent sans n
doute la base d'un essai hydrostatique de la cire q
mérite considération et fournit de meilleurs résulta
que toutes méthodes proposées jusqu'à présent.

« Il fallait d'abord constater le poids spécifique d
la cire pure (jaune et blanchie) et des sortes de pa
raffine qu'on rencontre dans le commerce. Cette dé
termination a été faite avec des substances qui, pa
une fusion longtemps prolongée, ont été débarrassée
de toute l'eau adhérente, et après le refroidissemen
par le pétrissage et la pression de toute bulle d'ai
Comme liquide dans lequel on pèse la cire ou la pa
raffine, on se sert d'un mélange d'alcool et d'eau, a
tendu que l'expérience a démontré qu'un mélange d
cette espèce ne dissout pas, pendant la durée d'u
essai, une quantité appréciable de paraffine.

« Le procédé très-ingénieux du flottage employ
pour la première fois par MM. Fresenius et Schulze

pour déterminer la proportion de la fécule dans les pommes de terre, et suivant lequel on fait flotter ces tubercules dans une solution de sel marin de densité uniforme, en prenant ensuite le poids spécifique de cette solution au moyen d'un aréomètre, a été appliqué, dans son principe, à l'essai des mélanges de cire et de paraffine, et la densité de la liqueur alcoolique a été déterminée à l'aide d'un alcoomètre ou d'un pycnomètre. Toutefois, les résultats ont été si peu satisfaisants qu'on a dû renoncer à cette méthode.

« Les déterminations de la densité de la cire d'abeilles (sortes sur lesquelles il ne pouvait s'élever aucun doute, et que j'avais en partie récoltées moi-même dans les rayons) m'ont donné les résultats suivants :

Cire jaune, sorte n° 1.. . . . . 0.968
Id.   sorte n° 2.. . . . . . . 0.965
Cire blanche, sorte n° 1. . . . . . 0.968
Id.   sorte n° 2. . . . . . 0.966
Id.   sorte n° 3. . . . . . 0.969

« Dans les expériences décrites plus bas, on s'est servi de la cire blanche n° 3.

« La détermination du poids spécifique des sortes de paraffines que j'ai eu à ma disposition m'a fourni les résultats que voici :

1. Paraffine des lignites de Saxe.
    a. Variété dure. 0.875
    b. Variété molle. 0.871
2. Paraffine de boghead.. . . . . 0.873
3. Paraffine de pétrole (appelée Belmontine, provenant d'une fabrique de paraffine de Londres). 0.873
4. Paraffine de goudron de Rangoon.
    a. 0.869
    b. 0.870

5. Paraffine des schistes feuilletés du
   Rhin (de M. P. Wagenmann).
   1re sorte. 0.877
   2e sorte. 0.853
   3e sorte. 0.876

6. Paraffine de goudron de bois de hêtre
   (de 1832 et probablement préparée à
   Blansko par Reichenbach lui-même).   0.874

« Je n'ai pas eu à ma disposition les sortes de paraffines de la tourbe, celles de l'ozokerite de la Gallicie, de Neftgil, et ce qu'on appelle le *devil's dung*, en Derbyshire, et je n'ai pas trouvé, sur la densité des deux dernières sortes, de renseignements dans les ouvrages ou les recueils. D'après une assertion de M. Malaguti, qui, toutefois, aurait grand besoin d'être contrôlée, l'ozokerite serait un mélange de deux corps analogues à la paraffine dont l'un, avec le poids spécifique de 0,957, fondrait à 90°, tandis que le point de fusion de l'autre, avec un poids spécifique de 1,845 (?), serait environ 75° C.

« Les déterminations précédentes démontrent que les poids spécifiques de la cire (= 0,965 à 0,969) et ceux des paraffines du commerce (= 0,869 à 0,877) sont assez distants les uns des autres pour que, par une détermination de la densité d'un mélange homogène de cire et de paraffine, on puisse en conclure leurs proportions relatives. L'expérience a démontré que cette hypothèse présentait suffisamment d'exactitude.

« 1re *expérience*. Un mélange de 50 parties de cire et 50 parties de paraffine fondu au bain-marie, brassé pendant le refroidissement et laminé après qu'il a été entièrement refroidi, a indiqué un poids spécifique de 0,920. La moyenne calculée de cette densité s'élevait à 0,925.

« 2e *expérience*. Un mélange de 75 cire et 25 paraffine a donné 0,942. Le calcul 0,945.

« 3e *expérience*. Un mélange de 80 cire et 20 paraffine a accusé une densité de 0,948. Le calcul exige 0,949.

« 4e *expérience*. Un mélange de 25 cire et 75 paraffine a donné 0,893. La densité calculée est 0,895.

« Les résultats des expériences précédentes qui ont été faites avec la sorte de cire du poids spécifique de 0,969, et la même sorte de paraffine du poids spécifique de 0,871, expériences dont il me reste à étendre et à constater l'utilité pratique aux autres sortes de paraffine que je n'ai pu me procurer, sont résumées dans le tableau suivant :

CIRE.	PARAFFINE.	POIDS SPÉCIFIQUE DU MÉLANGE	
		trouvé.	calculé.
»	100	0.871	»
25 p. 100	75 p. 100	0.893	0.895
50	50	0.920	0 925
75	25	0.942	0.945
80	20	0.948	0.949
100	»	0.969	»

« La cire pure, c'est-à-dire exempte de paraffine, doit aller au fond dans un alcool du poids spécifique de 0,961 (= 33 pour 100 en volume, suivant Tralles ou 15°8 Baumé ou 27,27 pour 100 en poids). Si elle y flotte, on doit présumer qu'elle a été sophistiquée avec la paraffine et un examen ultérieur peut démontrer le degré de cette falsification. »

Comme on trouve assez fréquemment dans le commerce, en Allemagne, de la cire jaune qui a été mélangée à une quantité notable de paraffine, pour constater ce fait, M. H. Hager a proposé la méthode suivante :

On fait fondre 2 grammes environ de la cire suspecte dans un tube à expérience de la grosseur du doigt et on y ajoute une solution de 1 1/2 gramme de potasse hydratée dans 4 à 5 grammes d'eau distillée; enfin, on fait bouillir doucement et toujours en agitant pendant 1 minute ou 1 1/2 minute. En agitant avec précaution, on obtient ordinairement un mélange homogène quoique n'étant pas parfaitement clair. Lorsque la cire est assez refroidie pour se prendre en masse, on la mélange par l'agitation, d'abord avec une très-petite quantité d'éther de pétrole, puis, jusqu'à ce qu'on en ait employé 6 à 8 grammes, de manière à ce que la matière grasse s'y mélange parfaitement. Par une agitation plus énergique, on obtient une émulsion, mais dont l'éther de pétrole ne se sépare pas. Pour arriver à cette séparation, on ajoute un excès d'une solution dans l'eau de sucre de saturne qu'on mélange au contenu du cylindre. Après une addition suffisante, le mélange jaune brunâtre paraît blanc. Alors l'éther de pétroie se sépare nettement par le repos et renferme la paraffine en partie dissoute. Après le repos, on décante la solution éthérée et sur le résidu on verse de nouvel éther de pétrole, on agite, laisse repose, décante de nouveau et on répète cette opération jusqu'à ce qu'une goutte de solution éthérée ne laisse plus de tache grasse sur le papier.

Cette solution éthérée est d'abord mise à évaporer dans un endroit porté à une douce chaleur, et enfin sur un bain-marie. Il ne faut pas pour cet objet se servir de capsules plates, parce que les solutions de benjoin et d'éther de pétrole qui renferment de la matière grasse, remontent par la chaleur sur le bord des capsules et qu'il en résulte des pertes.

La cire jaune pure abandonne par ce procédé de 14 à 16, en moyenne 15 pour 100 à l'éther ; la cire allongée avec la paraffine, 57 pour 100, et le résidu est blanc comme la paraffine. Il y a donc dans ces cires à peu près parties égales de cire pure et de paraffine, car 50 parties de cire donnent 7,5 parties solubles dans l'éther de pétrole et les autres 49,5 parties sont de la paraffine. Le poids spécifique du résidu de l'évaporation s'élève à 0,880.

4° Un autre moyen de sophistiquer aisément la cire d'abeilles jaune est de la mélanger à la cire du Japon, laquelle, comme on sait, est un glycéride qui a la propriété de rendre très-promptement rances les pommades qu'on en prépare. Il est facile d'accuser la présence de cette matière à l'aide du poids spécifique qui, à 20° C., est de 0,992 à 1,012. Une cire jaune d'un poids spécifique de plus de 0,975 à 20° peut, en toute sûreté, être considérée comme falsifiée.

On a aussi cherché à étendre la cire d'abeilles avec d'autres cires végétales qui sont d'un prix moins élevé, mais jusqu'à présent, ces produits végétaux n'ayant pas été soumis à des analyses chimiques rigoureuses et à des études comparatives, nous ne pouvons que rappeler ici quelques tentatives faites dans cette direction.

Pour rechercher ces cires végétales dans la cire

d'abeilles, le procédé de **M.** Robinaud repose sur la propriété de la cire d'abeilles pure de laisser un résidu, lorsqu'on la traite par 50 fois son poids d'éther rectifié.

Les matières avec lesquelles on falsifie la cire d'abeilles, comme, par exemple, le suif, la stéarine, la cire végétale, etc., se dissolvent presque complétement dans la même proportion d'éther. La cire végétale pure ne laisse que 5 pour 100 de résidu insoluble dans l'éther.

Pour reconnaître les impuretés pulvérulentes, minérales ou végétales qui servent à frauder la cire d'abeilles, par exemple, la fécule, le talc, etc., on traite quelques grammes de cire à chaud par l'essence de térébenthine rectifiée qui doit dissoudre le tout. S'il reste un résidu, on le jette sur un filtre, on le lave avec de l'essence et on en détermine le poids et la nature.

On traite ensuite 1 gramme de cire par 50 grammes d'éther, on filtre, on lave le résidu avec l'éther froid, puis on le fait sécher à l'air et on le pèse. De son poids, on retranche le poids du résidu obtenu par le traitement à l'essence de térébenthine, et en doublant le chiffre du reste, on a les centièmes en cire.

Soit, par exemple, une cire qui aurait laissé 5 pour 100 de résidu insoluble dans l'essence de térébenthine et dont 1 gramme aurait donné 45 centigrammes de résidu insoluble dans l'éther. Retranchant de 45 les 5 d'impuretés, on obtient 40 de résidu attribuable à la cire d'abeilles, et qui indique que la cire examinée en contient 80 pour 100 et par conséquent 15 de cire végétale, de stéarine ou de suif et 5 pour 100 de matières végétales ou minérales.

La cire du Japon ou cire des sumacs se dissout, suivant M. Batka, complétement dans l'eau bouillante et forme avec celle-ci un savon gélatineux qui se concrète rapidement par le refroidissement et dont on peut par les acides précipiter la cire. La cire d'abeilles ne présente pas cette propriété qui peut par conséquent servir d'indice dans l'examen de ces deux matières ou dans les analyses.

D'après le même chimiste, la cire jaune d'abeilles blanchit assez promptement dans le chloroforme, mais s'y dissout avec plus de lenteur que la cire du Japon, et elle se distingue de celle-ci en ce que la solution s'évapore avec bien plus de lenteur; elle passe comme celle-ci à l'état de vernis quand on chauffe, sans toutefois se dissoudre dans l'alcool absolu froid. Dans l'alcool absolu bouillant, elle se dissout aussi parfaitement, mais par le refroidissement, elle s'en sépare à l'état blanc et gélatineux.

Une particularité digne d'attention relevée aussi par le même chimiste, c'est que la cire des sumacs bouillie dans de l'eau avec du borax, s'y dissout complétement, en formant un savon gélatineux qui se prend promptement en masse par le refroidissement, et dont on peut par les acides précipiter la cire, propriété que ne possède pas la cire d'abeilles, et qui peut servir de critérium dans des recherches sur la pureté de ce dernier produit.

M. Marchant, qui s'est beaucoup occupé de la question de la sophistication des cires, a fait remarquer dans le *Répertoire de Chimie*, février 1861, p. 61, que les dissolvants ne donnent pas de bons résultats dans l'analyse de la cire. D'après lui, la cire d'abeille se dissout en proportions variables dans l'éther, suivant que celui-ci est plus ou moins pur; et il faut faire attention si on emploie de l'éther chimiquement pur, ou de l'éther mélangé de plus ou de moins d'alcool. La cire du Japon, de son côté, lui a toujours laissé au moins 16,7 p. 100 de résidu; et chacune des deux cires ne se comporte pas dans un mélange comme lorsqu'elle est prise isolément, la présence de la cire végétale augmentant la solubilité de le cire d'abeille.

5° On s'est également servi des matières amylacées, et c'est même un délit assez fréquent, pour falsifier la cire d'abeilles. C'est ainsi qu'on y mélange souvent et en assez forte proportion de l'amidon. M. Delpech, habile pharmacien au Bourg-la-Reine, près de Paris, en faisant connaître ce genre de fraude, a fort heureusement fourni le moyen de s'en garantir. On traite à chaud un poids déterminé de la cire qu'on veut examiner, par l'essence de térébenthine, qui a la propriété de dissoudre la cire et les autres matières grasses qu'elle pourrait contenir, mais qui, n'ayant aucune action sur la fécule, la laisse intacte, et à cause de la pesanteur, se précipite au fond de la dissolution.

On peut aussi faire bouillir la cire dans l'eau, et après que la liqueur est refroidie et claire, l'essayer par l'eau iodée ou la teinture alcoolique d'iode. Si elle se colore en bleu, c'est qu'il y a présence de l'amidon.

Si on traite à chaud une cire suspecte dont on a pris le poids par de l'eau acidulée avec 2 pour 100 d'acide sulfurique et qu'on laisse refroidir la cire et qu'on la pèse après qu'elle s'est figée, la différence de poids indique la proportion d'amidon qu'on a fait entrer dans la cire. Cet amidon est converti en dextrine par l'acide sulfurique restant en solution dans la liqueur.

En dissolvant la cire dans l'essence de térébenthine, recueillant le dépôt blanc qui se forme et l'essayant au moyen de la teinture d'iode, il est donc facile de reconnaître la présence de la fécule et de la farine.

On a cherché à incorporer par agitation et fusion de l'eau dans la cire. Cette fraude est grossière et peut toujours être constatée en faisant dessécher la cire suspecte au bain-marie et en recherchant la perte qu'elle éprouve ainsi.

6° Enfin, il ne faut pas négliger pour s'assurer d'une manière générale de la pureté de la cire quelques moyens empiriques; par exemple, on n'a qu'à faire couler sur des étoffes quelques gouttes de la cire suspecte, puis à chercher à l'enlever par l'alcool. Si la cire est pure, l'alcool l'égrène sur le champ, tandis que dans le cas contraire, elle est très-adhérente et fait tache.

On projette quelques morceaux de cire sur des charbons ardents, une odeur désagréable et d'acroléine et une fumée plus épaisse annoncent une fraude.

En mâchant un peu de cire soupçonnée entre les dents, une sensation de matière graveleuse, croquante annonce un mélange de résine ou de sable.

L'odeur, la saveur sont encore consultées avec avantage par ceux qui ont des organes exercés à ce genre d'épreuves. Il en est de même de la cassure, du toucher, de l'aspect général, etc.

ARTICLE IV. — **Qualités des diverses cires**.

On emploie rarement la cire dans son état brut, presque toujours il est nécessaire de la purifier et de la blanchir; il est donc important de connaître les diverses qualités de cire qui se blanchissent avec plus de facilité les unes que les autres. Voici ce que l'on a remarqué de plus important à ce sujet.

La Russie nous livre beaucoup moins de cire aujourd'hui qu'elle n'en envoyait autrefois, et une portion de la grande quantité qu'elle expédiait avait déjà été blanchie, tandis que maintenant toute celle qu'on nous fait parvenir est dans un état brut. Cette cire est généralement verte; elle se blanchit assez facilement, mais elle conserve assez souvent une légère nuance verdâtre.

La cire de Barbarie ou du Levant est celle qui se blanchit le plus promptement, aussi est-elle très-recherchée. Elle est naturellement peu colorée, mais elle n'est pas bien pure; elle contient beaucoup d'impuretés, et surtout du sable et de la terre. Cela provient de ce que, dans ce pays, on est dans l'usage de couler la cire dans des creux qu'on pratique dans le sol. On s'approvisionne de cette cire à Marseille, où elle est apportée par les vaisseaux marchands.

Quant à la France, les départements du midi et de l'ouest en fournissent une assez grande quantité, qui est peu colorée, et se blanchit parfaitement. Celles des départements de la Charente, de la Charente-Inférieure, d'Ille-et-Vilaine, de la Loire-Inférieure, des Côtes-du-Nord, du Finistère, du Morbihan, du Loiret, et d'Eure-et-Loir, sont très-recherchées par les blanchisseries. Celles de l'ancienne Bourgogne présentent le plus de difficultés pour le blanchiment.

La cire des Landes, de Bordeaux, et généralement des pays qui sont sur les bords de la Gironde, est très-colorée, et ne se blanchit qu'avec beaucoup de difficultés. Cependant il n'est pas rare de rencontrer, sur les marchés de Bordeaux, de la cire des Landes presque blanche. La cire jaune, qui ne se blanchit pas facilement, est réservée pour certains jours, pour les églises, et pour celles qui n'emploient jamais de cires blanches, comme en Espagne.

Si les blanchisseries pouvaient toujours s'approvisionner dans les contrées que nous venons d'indiquer, elles seraient assurées de choisir les meilleures qualités; mais elles font leurs achats par la voie du commerce, et sur des places où toutes les qualités sont confondues; alors il est impossible de les reconnaître. Le seul moyen que puissent employer les acheteurs, est l'expérience; alors ils les achètent pêle-mêle et les soumettent à l'essai, avant de se déterminer sur le triage qu'ils ont à en faire pour les divers usages auxquels elles peuvent être employées. Voici comment ils y procèdent.

Après avoir numéroté tous les pains de cire, ils enlèvent sur chacun d'eux, à l'aide d'un instrument tranchant, quelques râclures, puis ils distribuent ces râclures dans un casier porté sur des tréteaux, et ils ont soin que chaque échantillon soit placé dans une case portant le même numéro que celui du pain de cire d'où il provient. Tout cela ainsi préparé, ils exposent ce casier à l'action humide de la rosée et des rayons solaires : de temps en temps ils renouvellent les surfaces, et ils continuent ainsi, jusqu'à ce que le blanchiment en soit achevé. Il faut tenir note exacte du temps exigé pour chaque échantillon.

Tous les pains de cire étant essayés par cette méthode, on réunit en un seul tas ceux dont les échantillons correspondants ont atteint le premier blanc, et l'on assortit de même ceux de deuxième et de troisième blanc. Enfin, on met à part les pains de cire qui n'ont donné qu'un blanc jaune ou grisâtre, ou qui ont résisté tout à fait à l'action de la lumière. Ces pains de cire réfractaire, sont ordinairement réunis avec ceux qui contiennent une trop grande proportion de suif ou de résine, et on en fait une qualité commune qu'on réserve pour être vendue aux frotteurs. Tel est l'usage établi dans nos plus belles manufactures de France.

On sent bien que ces essais demandent trop de temps pour être faits dans un marché, et qu'ils ne peuvent être employés que dans une manufacture où l'on a tous les instruments nécessaires. Il serait à désirer que les chimistes trouvassent un moyen prompt et facile pour reconnaître, dans quelques instants, la qualité de la cire, relativement au blanchiment. Un procédé de cette nature serait infiniment utile et au vendeur et à l'acheteur, qui ne pourraient plus avoir aucune défiance l'un de l'autre.

Quoique le chlorure de chaux n'ait pas toujours été employé avec avantage pour blanchir les cires en grand, dans les manufactures, puisqu'on a assuré qu'il dénature la cire, nous croyons cependant, d'après plusieurs expériences que nous avons faites, et qui nous ont bien réussi, devoir le proposer pour s'assurer, presque instantanément, de la facilité plus ou moins grande avec laquelle les cires peuvent être blanchies,

et guider ainsi l'acheteur, même dans un marché.
Il suffit d'avoir autant de fioles à médecine qu'on a
pris d'échantillons, sur des pains qu'on marque et
qu'on numérote ; on introduit chaque échantillon
dans une fiole, et l'on verse dessus une même quantité de chlorure de chaux liquide, au même degré de
force ; on les plonge tous à la fois dans une bassine
d'eau, qu'on fait chauffer à la température suffisante
pour fondre la cire, et l'on agite souvent et alternativement chaque fiole, afin de mettre le chlorure en
contact immédiat avec chaque molécule de cire. On
examine à quelle minute a commencé l'opération, et
l'on note, avec la même exactitude, à quelle minute
elle a fini pour chaque fiole : celle qui a mis le moins
de temps, est la qualité qui se blanchit le plus promptement : dix minutes au plus suffisent pour faire l'o-
pération sur toutes les fioles.

Voilà, dans l'état actuel de nos connaissances, tous
les renseignements que nous pouvons donner sur
cette matière.

M. Sales purifie la cire du *Myristica sebifera* en la
faisant fondre et la plongeant dans l'eau de javelle. Le
mélange reposé et soumis à un feu doux reçoit à deux
reprises, après un même repos, une addition d'eau
de javelle et chaque fois on remue avec une spatule.
Après la troisième opération, on attaque le mélange
par l'acide sulfurique étendu qui sépare la cire de
l'eau de javelle. Après le refroidissement, on récolte
la cire et quand elle est sèche on la fond sur un feu
doux ou mieux au bain-marie, puis on la coule dans
des moules.

CHAPITRE II.

DU BLANCHIMENT DE LA CIRE.

La blanchisserie fait presque toujours partie de la manufacture du cirier, il est donc important de décrire les différentes parties qui composent cet atelier, et de faire connaître les instruments qu'on y emploie, avant d'entrer dans les détails des opérations qu'on exécute pour le blanchissage de la cire.

Cet atelier est composé de deux parties distinctes et séparées : 1° la fonderie; 2° la blanchisserie. Nous allons décrire chacune de ces parties séparément.

ARTICLE Ier. — **Description de la fonderie.**

On choisit, pour la fonderie, une grande salle, dans laquelle sont disposés les fourneaux, les chaudières, et généralement tous les ustensiles indispensables aux opérations que nécessite ce travail.

Nous avons représenté, fig. 1, pl. 9, en perspective, une fonderie d'Antony, près de Paris, comme modèle des ateliers de ce genre. On y voit tous les gros instruments à demeure : les détails et les menus instruments seront donnés à part.

Contre un des murs de la salle, derrière lequel on puisse librement passer, on établit un massif de maçonnerie en briques C, C, sur lequel on construit les fourneaux A, A, A, dans lesquels sont placées les chaudières B, B, B. Ces chaudières ont la forme de la moitié d'un œuf ; elles sont parfaitement étamées. Celle du milieu a une capacité double de chacune des deux autres, parce qu'elle verse en même temps la cire fondue dans les deux cuves dont nous allons parler. A 10 centimètres du fond de chaque chaudière, sont soudés deux tuyaux de cuivre, qui portent, à leur extrémité, de forts robinets D, D, D ; la chaudière du milieu en a deux. Les bords des chaudières sont larges et inclinés vers le dedans, comme dans les chaudières pour fondre le suif, afin que la cire qui tomberait sur ces bords descende dans la chaudière.

Entre les chaudières et au-dessous des fourneaux, sont placées des cuves en bois E, E, cerclées en fer, et supportées par un massif de maçonnerie F, réservé pour cet usage, et disposé à une hauteur convenable, pour que la cire fluide puisse couler facilement dans le grêloir G, qui est au-dessous. Ces cuves ont chacune deux chantepleures en bois dur, l'une placée presque au rez du fond, l'autre un peu au-dessus du tiers de sa hauteur. C'est par cette dernière H, qu'on fait sortir la cire pour la grêler. Celle qui est au rez du fond, sert à vider entièrement la cuve pour la nettoyer.

Le grêloir G, qui est décrit à part, fig. 2, sur une plus grande échelle, afin de le faire mieux comprendre, est placé sur la baignoire I, et sert, au moyen du tour J, à rubaner la cire. Un tuyau K verse continuellement de l'eau froide dans la baignoire. Cette eau, par sa pesanteur spécifique, gagne le fond et chasse l'eau chaude, qui monte à la surface, et qui s'échappe par le tuyau de trop plein M. Un grêloir semblable est placé sur l'autre baignoire.

Deux escaliers N, N, sont pratiqués aux deux extrémités des fourneaux, et conduisent sur la partie supérieure, qui présente un espace suffisant pour le

service des chaudières. Ces escaliers conduisent a
magasin R, dans lequel on dépose les cires rubanées

Les moufles O, O, servent à enlever les cuves E, E
au moyen de trois cordes, qui s'accrochent à troi
forts crochets en fer, également espacés autour d
chaque cuve. Ces trois cordes se réunissent en un
boucle, qu'on engage dans le crochet placé au-des
sous de la moufle. Ces cuves ont souvent besoin d'ê
tre nettoyées, et il serait difficile de les enlever san
le secours de ces moufles.

Dans le restant de l'atelier, sont disposées des ta
bles P, P, sur lesquelles sont couchées, l'une contr
l'autre, les planches Q, dans lesquelles sont creusé
les moules des petits pains de cire. Ces planches por
tent chacune deux rangs de moules, comme on l
verra par l'explication de la figure 3. Les tables son
en plus ou moins grand nombre, selon l'importanc
de la fonderie, et au milieu de l'emplacement qu'oc
cupent ces tables, on dispose plusieurs coffres à écu
ler, que nous décrirons fig. 4.

La figure 2 représente le grêloir. C'est un vase de
cuivre étamé a, a; il est aussi long que la baignoir
est large, à l'endroit où on le place. Son fond a la
forme d'une gouttière renversée, qui règne dans toute
la longueur du grêloir, les deux côtés dépassent le
milieu de cette gouttière de 8 à 10 millimètres au plus
C'est dans le fond de cette gouttière renversée que
sont percés une file de petits trous, de 2 millimètre
de diamètre, à une distance de 15 millimètres l'un
de l'autre. La cire coule par ces trous, en filets déliés,
et tombe sur la surface du cylindre ou tour, don
nous parlerons dans un instant. Il est facile de concevoir pourquoi l'on a donné, au fond du grêloir, la

forme d'une gouttière renversée, et qu'on a pratiqué les trous dans la partie la plus élevée : c'est afin que s'il tombait quelque saleté dans la cire, pendant qu'elle coule de la chantepleure supérieure de la cuve E (fig. 1), pour se répandre sur le cylindre, ces saletés se rendent dans la partie la plus basse, et ne viennent pas boucher les trous, ce qui s'opposerait à l'écoulement de la cire. C'est par la même raison qu'on place au-dessus du grêloir une passoire carrée, fig. 5, sur laquelle tombe d'abord la cire, et de là se répand dans le grêloir. Cette passoire est ajustée dans une rainure pratiquée au milieu de la longueur du grêloir, qui est entièrement couvert par deux couvercles, qui s'ouvrent à charnières. Aux deux bouts du grêloir sont ménagées deux cavités qui ont la même forme que le grêloir, et dans lesquelles on met des cendres chaudes, ou de la braise légère, afin d'entretenir la cire en fusion, vers les bouts du grêloir, où elle se refroidit plus tôt que vers le milieu.

Ce grêloir est aussi supporté par une chevrette en fer *d, d,* fig. 6 ; les branches inférieures de cette chevrette sont fourchues, et embrassent l'épaisseur des douves de la baignoire. Les branches supérieures sont évasées selon la forme du grêloir, qui est trapézoïde.

Dans la manufacture de M. Trudon, on n'employait pas la passoire carrée, dont nous avons parlé, et le vide des deux côtés, que nous avons dit être formé par deux couvercles à charnières, n'existait pas. Il avait imaginé un moyen qui nous paraît préférable. Toute l'ouverture est fermée par une plaque de cuivre étamé, d'environ 4 décimètres de longueur, sur toute la largeur du grêloir. Trois de ces côtés ont un rebord de 25 millimètres de haut ; le quatrième est dentelé comme les dents d'une grosse scie. Cette plaque repose sur une feuillure en pente, et remplit toute l'ouverture du grêloir. Sur cette plaque est posée une passoire en cuivre, ovale, et à hauts bords; elle est étamée en dedans et en dehors; son fond est percé d'une multitude de petits trous. Voici l'avantage de cette construction : la cire fluide tombe dans la passoire, de là elle se rend sur la plaque de cuivre, et est conduite, par l'inclinaison de cette plaque, dans le grêloir, où elle tombe en nappe. Sans cela elle pourrait tomber en flocons, et boucher les trous du grêloir, par lesquels elle ne pourrait passer. On voit cette disposition dans la figure 7 : *b*, la passoire ovale ; *c*, la plaque dentelée.

Supposons actuellement le grêloir en place sur le bord de la cuve ; on dispose par-dessous un cylindre en bois *f* (fig. 2), dont l'axe en fer porte un pivot de chaque bout, pivots qui posent dans deux entailles pratiquées sur les bords de la baignoire, et concevons qu'un des pivots est assez long pour recevoir une manivelle *g*, il sera facile à un ouvrier de mettre ce cylindre en mouvement, en tournant la manivelle. Les cylindres les plus gros sont les meilleurs; on peut leur donner 20 centimètres de diamètre. Ce cylindre doit être un peu moins long que la largeur intérieure de la baignoire, à l'endroit où on le place, afin qu'il puisse tourner librement sans frotter contre les parois.

La cire, en tombant par les trous du grêloir sur le cylindre qui trempe presque à moitié dans l'eau, se refroidit de suite. Le cylindre se fait ordinairement en noyer ; il doit être bien uni.

La figure 3 représente un morceau de planche danslaquelle on a creusé les *moules* des petits pains de cire. Ces trous sont coniques; ils ont de 10 à 12 millimètres de profondeur, 67 millimètres dans leur plus grand diamètre, et 60 millimètres dans leur plus petit. On en place deux dans la largeur de la planche, et l'on doit avoir soin qu'ils soient espacés entre eux de manière que les deux becs de l'éculon, que nous décrirons (fig. 8), tombent en même temps au centre des deux moules. Ces planches sont en bois de chêne ou de noyer.

La figure 4 représente le *coffre à éculer*. Il est en cuivre étamé en dehors et en dedans. Il a 80 centimètres de long sur 40 centimètres de large; sa forme est à peu près celle d'un pétrin, sa coupe est un trapèze. Trois pièces composent son couvercle; celle du milieu *a*, est une passoire exactement semblable à celle que nous avons dit (page 127) que l'on employait dans la manufacture de M. Trudon; les deux autres pièces *b*, *b*, sont deux portes à charnières qui ne sont percées d'aucun trou, et qui servent à couvrir hermétiquement le coffre afin qu'il ne tombe sur la cire aucune saleté. A l'un des bouts et près du fond est placé un robinet *f*; et des deux grands côtés en dehors et dans toute la longueur, sont pratiquées deux cases *c*, *c*, dans lesquelles on met des braisières en tôle *d*, *d*, dont on voit la forme en D, fig. 9; on les remplit de cendre chaude ou de braise légère, afin d'empêcher la cire de se refroidir. Ce coffre a quatre pieds en fer disposés comme ceux du grêloir, afin qu'on puisse le mettre en place de celui-ci lorsque cela est nécessaire.

Lorsqu'on se dispose à éculer, on substitue ce coffre à la place du grêloir sous le robinet de la cuve, afin de le remplir de cire fluide, qui court d'abord sur une gouttière E, qui la verse dans la passoire *a*, sur laquelle s'arrêtent toutes les saletés qui pourraient se trouver dans la cire. Ce coffre est un réservoir qui fournit de la cire aux ouvriers chargés de remplir les moules. C'est pourquoi on place un ou plusieurs de ces coffres auprès des tables aux moules, dans les endroits les plus commodes, pour que les ouvriers y viennent remplir leurs *éculons*.

La figure 8 représente l'*éculon* dont on se servait dans la manufacture de M. Trudon. Lorsqu'il est fermé, il a la forme de deux sabots l'un à côté de l'autre. On voit en *a, a*, les deux becs ; en *b, b*, les deux anses qu'on peut placer sur les côtés en *c*, et le couvercle *d*, qu'on tient toujours fermé, pendant qu'on écule, afin d'empêcher les saletés d'y tomber.

Les tables à éculer, qu'on nomme aussi *châssis à éculer*, et que nous avons représentés en P, P (fig. 1), sont de forts pieds de table en assemblage de menuiserie, de 4 à 5 mètres de long. Ces tables n'ont pas de dessus ; mais on y met en place un fort châssis volant qui est plus long de 1^m.60 à 2 mètres que le pied de la table, et qu'on fait déborder également par les deux bouts. On aperçoit ce châssis en S, S. On ne le couvre pas en entier de planches à moules ; on laisse déborder le châssis environ de 33 centimètres.

Figure 12. Brouette sur laquelle est placée une manne en osier garnie intérieurement de toile. C'est dans cette manne que l'on place la cire rubanée au fur et à mesure qu'elle se forme dans la baignoire. Lorsque cette manne est pleine, un ouvrier la porte, avec la brouette, à la blanchisserie ou étendoir.

Figure 13. Fourche de bois blanc à trois fourchons ;

elle est ordinairement garnie d'osier, comme on le voit ici, lorsqu'on rubane des cires très-alliées qui se cassent facilement et qu'on aurait de la peine à retirer autrement. Cette précaution n'est pas nécessaire quand on grêle des cires pures. On en voit une plus légère (fig. 14).

Figure 15. Spatule de bois que les ouvriers appellent *palon*, et qui sert à remuer la cire pendant qu'elle est en fusion. Il y en a de plusieurs formes différentes.

Figure 16. Tamis de crin dont on se sert pour ramasser les parcelles de cire qu'on n'a pas pu enlever avec les fourches, et qui nagent dans la baignoire.

La fonderie et la blanchisserie de la cire sont deux opérations tellement liées ensemble, qu'il est impossible de séparer la description de ces deux ateliers sans mettre de la confusion dans les nombreux détails des opérations qui ont lieu successivement et quelquefois simultanément dans les deux ateliers. Nous allons donc décrire la blanchisserie, et nous ferons connaître ensuite les opérations qui se commencent dans la fonderie, se continuent dans la blanchisserie, pour revenir à la fonderie, de là à la blanchisserie, et cela trois fois de suite avant que la cire ait acquis la plus grande blancheur.

ARTICLE II. — **Description de la blanchisserie et de l'étendoir.**

On doit choisir pour cet atelier un terrain très-vaste, tel qu'un champ, un grand jardin dont on abat tous les arbres, car il est important que le soleil puisse, sans aucun obstacle, lancer ses rayons sur tous les points où l'on expose la cire. On jugera, par ce que nous allons dire, de l'étendue que cette blanchisserie exige.

Lorsque la cire est rubanée, il s'agit de l'étendre sur les toiles pour la faire blanchir; ces toiles sont disposées comme nous allons le dire.

Les bâtis qui supportent les toiles ont 26 mètres de long, sur $3^m.25$ au plus de large. Les pieds a, a, a, etc. (fig. 20), qui supportent les carrés, à 65 centimètres au-dessus du terrain, sont de forts pieux, pointus par un bout, qu'on enfonce en terre par cette pointe, et à coups de maillet, de 50 centimètres environ; on a soin que les têtes de tous ces pieux soient exactement à 65 centimètres de terre. On en place trois lignes de neuf pieux chacune, espacés chacun dans leur longueur de $3^m.25$. Chaque file est éloignée de $1^m.60$, de sorte que ces 27 pieux renferment une enceinte rectangulaire de 26 mètres de long, sur $3^m.25$ de large.

Sur les 3 pieux de chaque bout, on fixe un fort liteau de 8 centim. de large, et 4 centim. d'épaisseur. On fixe pareillement sur les autres pieux, dans la longueur, de forts liteaux de même dimension, qui s'ajustent à mi-bois sur les pieux, de même qu'avec les deux liteaux des deux bouts.

Les pieux de la file du milieu sont recouverts, dans toute leur largeur, par des liteaux de la même hauteur que ceux du pourtour, mais ils n'ont que 3 centimètres de large. Ils sont réunis à mi-bois sur les pieux et avec les deux liteaux des deux bouts, et présentent une arête tranchante sur leur partie supérieure. Sept liteaux semblables à ces derniers sont placés sur les trois pieux qui forment la largeur.

Tout étant ainsi disposé, on perce des trous verticaux d'environ 25 millim. de diamètre dans les liteaux qui forment le pourtour de ces grands cadres. Ces trous sont environ à 25 centim. l'un de l'autre. On en perce 13 dans chacun des liteaux des deux bouts, et 103 dans chacun des liteaux des côtés, ce qui fait en totalité 232 trous. On ajuste dans chaque trou une cheville qu'on enfonce à coups de marteau afin qu'elle y tienne solidement. Ces chevilles sont de deux longueurs différentes; les unes ont 16 centimètres de saillie au-dessus du liteau, les autres, en moins grand nombre, ont $0^m.65$ de saillie, et celles-ci portent à leur extrémité supérieure un petit crochet en fer qui regarde l'intérieur du carré. Voici l'ordre dans lequel on enfonce ces chevilles. Aux quatre coins, on place une longue cheville; on en place trois courtes après, puis une longue, puis trois courtes, et ainsi de suite jusqu'à ce qu'on ait fait le tour. C'est le bois de chêne qu'on emploie de préférence à tout autre pour construire les châssis.

La figure 20, qui montre le bout de ces carrés, achèvera de faire concevoir ce que nous venons de dire. On voit les liteaux b, b, ajustés à mi-bois; les liteaux c, c, à tiers-point, qui unissent les 11 pieux qui sont en ligne droite dans le milieu du carré. Les liteaux d, d, sont pareillement en tiers-point; ils unissent 3 pieux en largeur. On y voit aussi les petites chevilles f, et les grandes chevilles g, avec leurs clous à crochet.

Les toiles que l'on pose dessus ont 8 mètres de long et $3^m.50$ de large; outre cela, elles ont tout autour un rebord de $0^m.65$ de haut. La figure 21 indique la manière dont on les tend parfaitement à l'aide d'une corde et de chevilles. De forts anneaux en fer sont cousus à la toile dans la couture qui l'unit au rebord; ces anneaux sont cousus vis-à-vis les chevilles courtes. Des anneaux plus grands sont cousus de même vis-à-vis les grandes chevilles.

On commence par enfiler les grandes chevilles dans les grands anneaux qui ont une forme ovale; ce qui commence par fixer la toile. On relève le rebord, que l'on accroche aux crochets en fer qui sont au bout de ces mêmes grandes chevilles, par de petits anneaux qui sont cousus en haut de ce rebord. On enfile les petites chevilles dans les anneaux qui sont vis-à-vis d'elles, et l'on rend le tout solide par une corde qui embrasse les chevilles alternativement en dehors et en dedans. Enfin de distance en distance, on lie la corde avec les liteaux extérieurs par des bouts de corde h, h, qui empêchent que le vent ne puisse soulever la toile et bouleverser tout. Nous n'avons représenté dans cette figure, comme dans la précédente, qu'un bout du carré, ce qui suffit pour l'intelligence de la chose.

Les autres outils dont on se sert dans la blanchisserie sont :

1° Une petite fourche très-légère (fig. 22); elle sert pour disposer également les rubans de cire sur les toiles;

2° Une main de bois (fig. 23); elle est faite d'une planche mince de bois léger. Les trous a, a, servent à passer les doigts pour l'empoigner. C'est avec cette planche qu'on prend la cire pour la mettre dans les sacs;

3° Une pelle de boulanger (fig. 16), pour lever la

cire de dessus les toiles lorsque la main de bois (fig. 23) ne peut l'atteindre ;

4° On se sert aussi, pour le même objet, d'un rabot (fig. 24), qui n'est autre chose qu'un poinçon de futaille emmanché au bout d'un bâton ;

5° On emploie aussi au même usage un râteau à dents de bois semblable à ceux dont on se sert pour ramasser le foin ;

6° Enfin, on se sert de sacs ordinaires en toile pour emporter la cire. On place ces sacs sur une brouette.

Les autres instruments dont on se sert seront décrits au fur et à mesure que nous aurons occasion d'en parler.

ARTICLE III. — **De la manière de fondre la cire et de la purifier.**

Section I. — PREMIÈRE FONTE.

On ne commence guère les opérations de la fonderie que dans le mois de mai, lorsque la belle saison est arrivée, et que le soleil est assez élevé sur l'horizon pour lancer ses rayons directement, longtemps et avec force. Ces opérations se continuent au plus pendant trois ou quatre mois.

Après que le fabricant a fait ses essais sur les échantillons de cire qu'il a pris sur chaque pain, ainsi que nous l'avons décrit (p. 121), et qu'il a classé tous ses pains en quatre monceaux particuliers selon la plus ou moins grande facilité avec laquelle chaque qualité de cire se blanchit, alors il commence sa fonte.

Dans la manufacture que nous avons citée comme

modèle, on fondait 3,000 kilogrammes de cire par jour, en six fontes de 500 kilogrammes chacune.

L'ouvrier met dans une des chaudières A (fig. 1 pl. 9), la quantité de cire suffisante pour couvrir une des toiles destinées à recevoir les rubans qui proviendront de cette fonte. La cire doit être coupée en petits morceaux, de la même manière que nous l'avons indiqué pour les graisses (page 37, tome I), et i ajoute dans la même chaudière 4 à 5 litres d'eau par chaque 50 kilogrammes pesant de cire. On allume le feu sous la chaudière, et l'on y laisse fondre la cire lentement. L'ouvrier, armé de la spatule de bois, agite cette cire aussitôt qu'il s'aperçoit que la fonte s'avance ; il brasse doucement et continuellement jusqu'à ce que tout soit entièrement fondu, et il continue à remuer jusqu'à ce que la cire ait acquis un degré de fluidité suffisant pour que les impuretés qu'elle contient puissent bien se déposer. On ne peut pas fixer de règle certaine sur le degré de chaleur qu'on doit imprimer à la cire pour lui donner la fluidité nécessaire, cela dépend de la qualité des cires; la grande habitude le fait connaître; et le chef ouvrier distingue, par la résistance que la cire lui fait éprouver à la main, si elle a acquis le point de fluidité indispensable. Alors, ce même chef avertit un ouvrier, il lui fait ouvrir le robinet de la chaudière, et alors la cire liquide coule dans la cuve avec l'eau qui y est mêlée. Cette cuve est fermée par un bouchon de liége que l'on enfonce en dedans, comme on le verra plus bas lorsque nous dirons par quel moyen on ôte ce bouchon.

Aussitôt que la cire est entièrement coulée, on couvre la cuve de son couvercle, et on l'enveloppe de sa couverture qui est formée de deux toiles, entre lesquelles on a mis de la bourre, et qu'on a piquées ensuite. Cette enveloppe est destinée à maintenir la chaleur du liquide pendant tout le temps qu'on laisse *déposer la cire*, c'est-à-dire, pour que les saletés, les impuretés qui peuvent se trouver dans la cire, aient le temps de se déposer au fond par leur plus grande pesanteur spécifique. L'eau qui, pendant la fonte, s'est mêlée avec la cire, se précipite au fond et entraîne avec elle ces saletés ; c'est là ce qu'on appelle purifier la cire. On laisse la cuve en repos pendant deux ou trois heures, selon la plus ou moins grande quantité de cire qu'elle contient.

Nous avons supposé que l'opération que nous venons de décrire est la première de la journée, par conséquent la cuve était en place prête à recevoir la fonte. Dans les opérations subséquentes les ouvriers placent la cuve pendant que la cire commence à fondre. Chaque fois qu'on a vidé la cire pour la rubaner, on descend la cuve pour la nettoyer, et on la remplace par une autre.

On profite du temps que la cire dépose pour remplir d'eau fraîche la baignoire qui est au-dessous d'elle, ce qui se fait facilement en ouvrant le robinet du tuyau K, fig. 1 et 2 ; bien entendu qu'on a auparavant vidé, selon les circonstances, en totalité ou en partie cette baignoire, par le robinet qui est au bas.

Lorsque la cire est suffisamment déposée, on se met en devoir de la grêler. Pour cela un ouvrier, c'est ordinairement une femme, se place devant la manivelle, et le chef ouvrier donne l'ordre d'ouvrir le bondon, que nous avons dit avoir été placé en dedans sur l'orifice intérieur de la chantepleure. C'est ici le moment de décrire cette chantepleure avec la broche qui sert à déboucher le bondon.

La figure 11 représente les deux pièces qui sont employées dans cet instrument. A, est la chantepleure proprement dite; c'est un tuyau en bois dur qui est enfilé dans une plaque de tôle *a, a,* avec laquelle il est solidement ajusté. Le tuyau entre juste dans le trou du bondon, et la plaque de tôle est fixée par des clous sur la cuve. Nous avons dit qu'on bouche intérieurement cette cannelle avec un bouchon de liége, qui résiste bien mieux à la pression de la cire liquide que s'il était placé en dehors. Voici par quel moyen on parvient à la déboucher. On se sert pour cela d'un cylindre B, fait en bois dur et solide, qu'on nomme *lancette.* Ce cylindre a un manche C, gros et fort, à l'aide duquel on peut pousser fortement; le bouchon sort et va nager à la surface de la cire. Cette lancette, qu'on laisse dans la cannelle et qu'on enfonce plus ou moins, règle la vitesse avec laquelle la cire sort pour se rendre dans le grêloir qui est au-dessous.

La cire tombe d'abord sur la passoire, de là sur la plaque, et enfin dans le grêloir, où elle occupe d'abord les deux rigoles qui sont au fond, et coule par les trous de la gouttière, en petits filets, sur le cylindre mouillé qui est au-dessous et qu'on tourne continuellement. Le filet de cire, en tombant sur le cylindre, s'aplatit et se gèle en entrant dans l'eau, de sorte que chaque filet forme un petit ruban de quelques millimètres de large. Plus l'on tourne rapidement le cylindre, et plus le ruban est mince; le cylindre, en tournant, agite l'eau, et la pousse vers le bas de la baignoire où elle entraîne la cire rubanée.

Pendant toute cette opération, le robinet K, fig. 1 et 2, qui porte l'eau fraîche, reste ouvert, et l'eau qui s'est échauffée s'échappe par le tuyau de trop plein M. Il est très-important que l'eau reste toujours la plus fraîche possible dans la baignoire, car si elle s'échauffait, la cire se rubanerait mal, ou elle resterait attachée au cylindre, ou bien les rubans se colleraient entre eux.

L'ouvrier prend la fourche de ses deux mains, il l'enfonce dans la baignoire auprès du cylindre, et pousse avec cette fourche les rubans de cire vers le fond de la baignoire opposé à la cuve; là il enlève les rubans et les jette dans la manne qu'il a placée à côté de lui. Lorsque la manne est pleine de rubans, on la met sur une brouette, et on la porte auprès du carré destiné à recevoir cette cire rubanée. Le brouettier, aidé d'un autre ouvrier qui est ordinairement une femme, enlèvent ensemble cette manne et versent la cire sur la toile. Cette femme l'étend avec ses mains, tandis qu'une autre, armée d'une petite fourche, la porte vers le milieu de la toile, et l'égalise le mieux qu'il lui est possible.

Cette opération se continue tout le long du carré et jusqu'à ce que la cuve cesse de fournir de la cire. Alors on soulève la cuve par derrière à l'aide d'un levier, afin que toute la cire fondue sorte par la cannelle, et l'on ne cesse que lorsque l'eau commence à couler. Tout cela exige une heure et demie environ pour un millier de cire.

On découvre la cuve, aussitôt que la fonte est terminée, et l'on enlève cette cuve qu'on remplace de suite par une autre : on nettoie bien la première, pour la faire servir dans une fonte suivante.

Pour que les opérations se succèdent avec rapidité, et qu'il n'y ait aucune perte de temps, on fait une fonte toutes les trois heures, c'est-à-dire qu'on commence une fonte trois heures après que la première a commencé, et ainsi de suite sans interruption.

Il est aujourd'hui bien reconnu que le blanchiment de la cire est dû à la seule influence de la lumière solaire. Sennebier, en 1792, avait prouvé cette assertion par des expériences directes, qu'il consigna dans le tome 12 des *Annales de Chimie*. Il démontra que l'humidité de la rosée ne contribue en rien au blanchiment, et que, pour blanchir la cire, il suffit de la réduire en rubans très-déliés et de l'exposer au soleil.

Selon les dispositions que la cire a pour blanchir, et suivant que les jours sont plus longtemps sereins, on doit la laisser; on laisse les rubans sur les toiles pendant dix, douze, quinze, vingt jours, et quelquefois plus, avant de les retourner. Cette opération se fait avec les mains de bois (fig. 23) qu'on passe sous les rubans sur la toile, on les soulève et on les tourne sens dessus dessous. Peu de jours après on les remue avec les petites fourches qui ont servi à les étendre, ce qui s'appelle *régaler*. Un ouvrier expérimenté connaît parfaitement les circonstances où il convient de régaler plusieurs fois les cires.

Lorsque par cette première opération la cire a acquis le premier degré de blancheur, on la rapproche des bords avec le rabot (fig. 24) et avec le râteau, et on la relève de dessus les toiles avec une petite main de bois; on en remplit des sacs qu'une femme tient ouverts, on la porte en magasin où on l'entasse comme le blé dans les greniers, et on la laisse en fermentation pendant trente à quarante jours. Elle se tasse dans cet état, et forme une masse assez solide pour qu'on ne puisse la retirer qu'à l'aide d'une pioche. Si on la fondait de suite une seconde fois avant cette fermentation, elle n'acquerrait pas un beau blanc.

Section II. — DU REGRÊLAGE OU SECONDE FONTE.

On met d'abord dans la chaudière quatre ou cinq litres d'eau par chaque cinquante kilogrammes de cire qu'on veut *regrêler*; on allume le feu et on jette dans la chaudière 15 à 20 kilogrammes de la cire de la première fonte qui était en magasin. Voici comment on s'y prend pour jeter la cire : deux ouvriers sont nécessaires pour cette opération; l'un tient une spatule ou un palon avec lequel il brasse continuellement l'eau qui commence à s'échauffer; le feu est modéré; l'autre ouvrier tient à côté de lui une corbeille remplie de cire, il en jette peu à peu comme en saupoudrant; cette cire s'attendrit, et il continue ainsi jusqu'à ce que la chaudière soit pleine; il s'aide pour cette opération du bord de la chaudière sur laquelle il appuie le manche du palon. Ce travail est pénible, parce que la cire formant une espèce de bouillie épaisse, est difficile à remuer.

Lorsque la chaudière est pleine, on augmente le feu, afin de donner à la cire toute la liquidité nécessaire pour qu'elle ne présente aucun grumeau et qu'elle coule facilement par les tuyaux et le robinet.

On ne discontinue pas de brasser jusqu'à ce qu'elle soit entièrement fondue. Il est indispensable de brasser continuellement la cire afin de l'empêcher de roussir; cependant il est bien rare qu'elle ne prenne un petit *coup de feu*. On est par conséquent obligé à chaque fois qu'on la fond de recommencer les mêmes opérations que nous avons déjà décrites, et que nous ne ferons que rappeler.

On la fait couler dans la cuve, on l'expose aux rayons solaires sur les toiles, on la régale après le regrêlage, de la même manière qu'on l'a fait dans la première fonte, et dès qu'elle a acquis le blanc, on la relève de dessus la toile, on en remplit des sacs, et on la met en tas dans le magasin.

Section III. — DE LA PRÉPARATION POUR ÉCULER : TROISIÈME ET DERNIÈRE FONTE.

Quelques blanchisseurs ajoutent à la cire en fusion trois ou quatre litres de lait sur 500 kilogrammes de cire; mais il est reconnu que cette addition occasionne un déchet, par le dépôt considérable qui a lieu au fond de la cuve; il est préférable d'ajouter de la crème de tartre ou de l'alun en poudre, comme nous l'avons expliqué pour la fonte des suifs, p. 1 et suivantes de ce tome II.

La fonte se fait comme nous l'avons décrit dans l'article précédent pour le regrêlage; mais on ne rubane pas la cire, on la moule. Voici comment on opère : pendant les deux heures environ que la cire se dépose dans la cuve, on met tremper dans la baignoire la quantité de planches à mouler, fig. 3, nécessaire pour mettre en pains toute la cire de la fonte. On enlève le grêloir et le cylindre ; l'on met en place le coffre à éculer, fig. 4, et l'on en remplit les braisières de cendres chaudes. Lorsque la cire est entièrement déposée, on débouche la cannelle et, en terme de cirier, on *perce la fonte;* l'on place sur les tables P, P, fig. 1, les planches à moule qu'on a mis tremper dans la baignoire. Alors des femmes, munies chacune d'une *éculon,* fig. 8, le remplissent au robinet du coffre à éculer, et le portent aux planches à moules. A l'aide des deux becs de l'éculon, elles remplissent à la fois deux moules, et elles continuent de la même manière jusqu'à ce qu'elles aient employé toute la cire.

Au fur et à mesure que la cire est bien congelée, un ouvrier enlève ces petits pains, qu'il jette dans une baignoire. On sent bien que, puisqu'on les a moulés dans des moules mouillés, le petit pain de cire n'y adhère pas, et qu'il s'en détache facilement. L'ouvrier remet les planches dans l'eau pour les replacer ensuite sur les châssis, à mesure qu'on en a besoin. Six ouvriers, dont deux hommes et quatre femmes, suffisent pour ce travail; des femmes remplissent les moules, un homme retire les pains et les soigne comme nous l'avons dit, l'autre a soin des planches, il les met dans l'eau et les en retire.

L'ouvrier enlève les petits pains qui nagent dans la baignoire; il emploie pour cela un tamis qui, au lieu de soie ou de crin, est garni d'un filet fait avec de la ficelle.

Ces pains sont mis dans les mannes et portés sur les toiles, où les femmes qui les ont formés vont les arranger les uns à côté des autres. On les y laisse exposés à l'air et au soleil pendant quelques jours. Lorsqu'ils sont bien secs, on les enferme dans des armoires, ou mieux dans des futailles garnies de papier, pour les soustraire à la lumière, qui les jaunirait, ce qu'il est important d'éviter.

Ces petits pains sont ensuite refondus par le cirier pour en fabriquer les divers ouvrages dont nous nous occuperons plus loin. La cire a acquis alors la plus grande blancheur qu'elle puisse atteindre.

ARTICLE IV. -- **Autres procédés de blanchiment.**

Section I. — PROCÉDÉ BOILLOT.

M. Boillot (Louis-Alexandre) a pris, en 1834, un brevet pour cet objet.

« Le chlorure de potasse constitue, dit l'inventeur, la base de ce procédé. Au moyen de cet agent, toutes les qualités de cires, même celles dites réfractaires, se blanchissent également.

« Il faut les mettre en fusion et les porter à quelques degrés de chaleur au-dessus de celui nécessaire pour les fondre, principalement pour les cires réfractaires ; arrêter le feu ou la vapeur, si elle est employée, puis introduire en quantité voulue le liquide désigné, à différentes reprises, en agitant constamment la matière jusqu'au refroidissement ; remettre le tout en fusion, pour recommencer l'opération de la même manière, et cela autant de fois qu'il sera nécessaire pour amener la cire, qui est décomposée, au grand blanc et à l'état de crème épaisse ; toutefois, la première introduction de chlorure doit être faite en quantité suffisante pour que la cire en fusion fasse effervescence.

« Parvenu à ce point, et après le refroidissement, on recompose au moyen de l'acide hydrochlorique (acide muriatique) étendu, quelquefois, dans son poids d'eau bouillante, et que l'on introduit par reprises en agitant convenablement la matière, qui se remet alors dans son état naturel en se grenant.

« Il convient de faire remarquer que tous les acides atteignent ce but; mais celui désigné est préférable sous tous les rapports.

« Immédiatement après, on commence à purifier la cire par de grands et fréquents lavages, pendant huit jours environ.

« On peut ensuite l'étendre pour l'assainir et la laisser essuyer avant de la mettre en clarification, selon l'un ou l'autre des procédés connus des ciriers, ou bien par tels ou tels autres moyens convenables sous le rapport du temps et de l'économie, tels que la crème de tartre avec l'acide borique, pour la rendre soluble dans la proportion d'une partie d'acide sur sept de crème de tartre.

« Il est inutile de faire observer que c'est au moyen de la machine à vapeur que l'agitateur en question peut être mis en mouvement, et que l'on peut se procurer la quantité d'eau nécessaire pour les lavages sus-indiqués. »

M. Boillot a cherché à perfectionner son procédé ainsi qu'il suit :

« Le procédé chimique a pour but le blanchiment des cires de tous les pays et de toutes les qualités et espèces, y compris les cires végétales qui, alliées elles-mêmes, avant ou après leur blanchiment, avec des cires réfractaires de la dernière qualité, ou du suif, et au besoin avec l'une et l'autre de ces dernières substances, peuvent offrir une matière très-propre à la confection d'une bougie économique réunissant tous les avantages des autres bougies, et à laquelle nous donnerons ultérieurement un nom.

« *Description du procédé.*—Le chlorure de potasse proprement dit, c'est-à-dire une solution de potasse saturée de chlore, constitue, avec sa mise en pratique le procédé pour le blanchiment des cires ci-dessus désignées.

« *Mise en pratique du procédé.* — La quantité de chlorure de potasse à employer, sera de 100 à 150 litres pour autant de fois 50 kilogr. de cire.

« A cette intention, il faut mettre les cires en fusion et les porter à quelques degrés de chaleur au-dessus de celui où elles se trouvent au moment de la fusion complète. Plus elles seront jugées rebelles et difficiles à blanchir, plus il faudra, afin d'arriver promptement à leur division, dont il sera parlé, que ce degré de chaleur soit élevé, sans cependant l'exagérer ; arrêter le feu ou la vapeur, qui doit être employée de préférence aux combustibles pour opérer cette fonte et celles qui doivent la suivre, et dont il sera parlé en temps et lieu ; puis introduire la première des fractions de la quantité du liquide désigné. Cette fraction à introduire chaque fois qu'il sera indiqué, ne pourra varier, et sera dans la proportion de 2 litres et demi et 3 litres pour chaque 50 kilogr. de cire.

« Immédiatement après ou en même temps que cette immersion sera faite, on mettra en jeu l'agitateur, qui devra être disposé dans la chaudière, de manière à brasser presque continuellement la matière, soit en tournant, soit de toute autre façon convenable à la division de la cire en ses plus petites molécules, que le chlorure désigné a la propriété d'opérer, en même temps qu'il décolore la cire par degrés, étant ainsi mis en contact direct avec ces molécules.

« Cette première introduction de chlorure doit être aussitôt suivie de deux ou trois autres, par intervalle de deux minutes en deux minutes et toujours à la même dose. Par là, la cire se trouve bientôt divisée en molécules qui, faisant corps avec le liquide, composent une pâte dont la malléabilité permet, toujours au moyen de l'agitateur, de mettre toutes les molécules en contact avec le chlore chaque fois qu'il est introduit.

« Cette propriété qu'à l'aide de mon système de manipulation, j'ai reconnu au chlorure de potasse de diviser la cire et de faire corps avec elle, de manière à composer une pâte dont la malléabilité devient propriété essentielle de ce procédé, est un avantage essentiel qui cesserait si, dans la fabrication du chlorure, la soude ou la chaux jouaient un rôle, car alors, la cire se séparerait en liquide et le blanchiment deviendrait impossible.

« Cinq ou six immersions à la dose prescrite, mais dont les trois dernières doivent être faites à plus longs intervalles que les trois premières, suffisent ordinairement à cette fonte primitive pour arriver à un refroidissement qui, en raison du peu de progrès qu'a pu encore faire l'opération, ainsi que de la faible quantité de liquide déjà introduit comparativement à la masse de cire, fait que la ductilité de la pâte exige qu'on la remette en fusion pour la rendre malléable et augmenter ou achever sa division, afin de compléter l'opération du blanchiment. On lâchera donc la vapeur dans le double fond de la chaudière, et de temps à autre, on mettra en mouvement l'agitateur, ayant soin de faire une ou deux des immersions du liquide indiqué pendant que la fusion s'opérera, ce qui avancera l'opération.

« Cette seconde fonte étant achevée, on arrête la vapeur et comme précédemment on introduit un même nombre de doses de liquide, plus ou moins, en autant de fois différentes et à des intervalles moins rapprochés que ceux de la première fonte : le refroidissement arrivant, on lâche de nouveau la vapeur, pour réopérer la fusion du mélange, ayant soin de faire aussi deux ou trois introductions de chlorure pendant ce temps; puis arrêter la vapeur et continuer comme précédemment.

« A la fin de cette troisième opération, on doit être arrivé à un mélange qui, malgré un refroidissement presque complet, doit être malléable et approcher plus ou moins du blanc, selon la ténacité plus ou moins grande de la cire.

« Quel que soit d'ailleurs le degré de blancheur que la cire peut avoir acquis à cette période de l'opération, il ne faut pas omettre de remettre en fusion une quatrième, une cinquième et même une sixième fois, en opérant toujours comme il a été dit plus haut; c'est-à-dire qu'il faut faire fondre et manipuler de la même manière autant de fois qu'il sera nécessaire pour arriver à une fusion dont le blanc ne laisse rien à désirer, sans, pour tout cela, cesser de remuer la matière et d'y introduire encore de temps à autre une dose de liquide, en lui donnant en outre quelques degrés de chaleur par intervalles, car il faut se tenir en garde contre cette extrême blancheur à laquelle on arrive alors; elle peut n'être qu'apparente, d'autant mieux que la matière est elle-même divisée en

des molécules plus petites. Il convient donc de persé-
vérer dans le mode de manipulation, à l'effet de fixer
ce blanc de manière à en conserver le plus possible
à la clarification de la matière.

« Ce blanc sera fixé chaque fois que la fusion du
mélange sera d'un blanc légèrement azuré en lui-
même et que la cire coulée dans la cuve à cet état, ne
diffère après le refroidissement, de la crème épaisse,
que par la supériorité de son blanc sur cette dernière
substance : parvenue à ce point, l'opération du blanchiment est terminée.

« Il convient de faire observer ici qu'il est utile, en
faisant les immersions, comme nous l'avons dit, de
ne rien précipiter pour ne pas noyer la cire ; car de-
venant trop tôt liquide, on éprouverait beaucoup de
difficulté à la blanchir.

« La matière placée dans la cuve, ainsi qu'il vient
d'être dit, on l'y laissera refroidir en totalité ou en
partie, en l'agitant parfois au moyen d'une espèce de
foulon.

« Pour l'amener plus promptement à une température douce, on peut y introduire de l'eau pure en
telle ou telle quantité, ce qui réduira, en outre,
le mélange à un état de crème plus ou moins liquide, et facilitera d'autant sa recomposition par le
réactif qui exige aussi un brassage pendant toute la
durée de son introduction, qui se fera partiellement
et dans des intervalles rapprochés, dans la proportion
totale de 10 à 12 litres par 50 kilog. de cire.

« En fait de réactif, tous les acides conviennent,
principalement ceux de premier ordre, et parmi ceux-
ci, de préférence, l'acide hydrochlorique blanc, en
raison de la propriété qu'il a de dégager le chlore qui

se trouve dans la matière, tout en la séparant, comm
les autres acides, de la partie aqueuse du chlorure
qui se trouve elle-même saturée d'une partie plus o
moins grande de la potasse. Quant à l'autre partie d
cette substance dont la cire peut encore être impré
gnée, les lavages que nécessite l'emploi de l'acide suf
fisent aussi pour l'enlever, attendu que cette cire es
recomposée en grumeaux d'autant plus petits que l
réactif a agi sur une matière plus liquéfiée et moin
chaude.

« Si l'on choisit l'acide nitrique pour réactif, e
qu'on laisse le liquide au repos après le décantage, o
obtient un sel bien cristallisé et en assez grande quan
tité ; ce sel, au moyen de la description du procédé
peut être facilement reconnu.

« Il est bon d'observer que les lavages ne doiven
pas être faits de suite, afin que le réactif ait le temps
de dégager le chlore ; quelques couples d'heures suffisent pour cela.

« La cire ainsi traitée, on peut, avant de la mettre
en clarification, la décanter de l'eau pure qu'elle contient par une fusion pure et simple, et qui consiste à
la laisser égoutter, autant que faire se pourra, avant
de la mettre en fusion, et lorsqu'elle sera en partie ou
en totalité fondue, on fera écouler, par le robinet de
la chaudière, l'excès de l'eau, ensuite on introduira
2 kilog. de crème de tartre soluble et 500 grammes
d'acide tartrique pour une quantité de 4 à 500 kilog.
de cire ; cela étant fait, on remuera le tout pendant
quelque temps, afin seulement de la préparer à être
mise en clarification, puis on la fera tomber dans la
cuve, de laquelle on la sortira au moyen de vases propres à la former en pains plus ou moins gros.

« Quelques jours après, on pourra la clarifier en la faisant fondre sur quelques litres d'eau, dans laquelle on aura encore fait dissoudre la même quantité de crème de tartre et d'acide tartrique; puis on la brassera, en suivant le diamètre de la chaudière, jusqu'à ce qu'une mousse ou écume à grosses bulles se manifeste à sa surface; on la laissera ensuite dans cet état en continuant à chauffer pendant tout le temps qui sera nécessaire pour la clarifier, après quoi on la fera déposer dans la cuve, puis ensuite on la mettra en petits pains, selon les moyens ordinaires.

« Si, au lieu de l'acide tartrique, on emploie l'acide nitrique en égale quantité, le résultat est plus satisfaisant encore sous le rapport du blanc.

« Si, au lieu d'opérer le blanchiment dans la chaudière, on fait couler la cire dans une cuve en bois, au fond de laquelle se trouve disposée une couronne pour faire l'opération à la vapeur directe, il y aura, outre une économie de temps, un avantage dans le résultat. »

Section II. — BLANCHIMENT AU CHLORE, A L'EAU,
AUX ACIDES, ETC.

Pour blanchir la cire par le chlore, on la fait fondre et on la rubane comme à l'ordinaire, puis on la plonge dans une eau chlorée jusqu'à ce qu'elle devienne blanche; on la fait fondre de nouveau, la rubane une seconde fois, et on la blanchit de nouveau jusqu'à ce qu'on ait atteint la blancheur suffisante.

On prépare l'eau de chlore au moyen d'un mélange de 2 kilogrammes de sel marin, 1 kilogramme de manganèse, et 1/2 kilogramme d'acide sulfurique concentré et 2 kilogrammes d'eau; le chlore gazeux est reçu au moyen d'un appareil de Volff dans 20 litres d'eau.

D'après un autre mode on blanchit très-bien au moyen du chlore, en fondant la cire dans une chau dière en plomb avec un poids égal d'une dissolutic de 1 partie de chlorure de chaux, de potasse ou d soude dans 8 parties d'eau, et ajoutant par chaqu kilogramme de cire 15 à 20 grammes d'acide sulfu rique. On peut favoriser l'action par la chaleur. Lor que la cire est blanchie, on la lave avec de l'eau (on la moule.

Le chlore, comme on voit, et tous les chlorure d'oxydes, possèdent donc la propriété de blanchir l cire, mais la cire ainsi blanchie retient toujours un petite quantité de chlore qu'elle laisse dégager pen dant la combustion, ce qui la rend impropre à l'é clairage.

On a aussi proposé de blanchir la cire au moye de l'eau bouillante. A cet effet, on fait fondre 5 kilo grammes de cire brute dans une grande chaudièr en tôle étamée, on chauffe jusqu'à un commence ment d'évaporation, et on ajoute le double du poid d'eau bouillante. On maintient le tout en ébullitio pendant quelques heures, on agite et on laisse l masse refroidir. On recommence ensuite l'opératio jusqu'à ce que la cire soit devenue blanche.

Righim a proposé aussi de blanchir la cire a moyen du salpêtre. A cet effet, il fait fondre 12 kilo grammes de cire jaune et y introduit 3 kilogramme de nitrate de potasse dissous dans 3 litres d'eau. O fait bouillir un quart-d'heure et on verse la cire fon due et devenue blanche dans l'eau froide, où on l lave, puis on expose à l'air et fait sécher.

Enfin on a essayé aussi, nous croyons pour la cire, les substances proposées par M. Watt, pour blanchir les matières grasses d'origine animale et végétale, c'est-à-dire le bichromate de potasse et un acide concentré, ou mieux l'acide chromique, ainsi que nous l'avons expliqué à la page 174, tome I, mais, nous le répétons, tous ces moyens présentent des inconvénients, surtout pour les cires destinées à l'éclairage, et l'on en est toujours revenu au mode ordinaire de blanchiment par la lumière et la rosée.

M. Duchaine a pris, en 1850, un brevet pour le moyen suivant de blanchir la cire.

On commence par faire une pâte avec la cire et un hypochlorite alcalin, et quand cette pâte a acquis le plus haut degré de blancheur, on la purifie et la débarrasse du chlore qu'elle retient, et après qu'elle a pris par quelques jours de repos un certain degré de raffermissement en la ramenant à l'état malléable avec de l'eau chaude, puis ajoutant de l'eau froide jusqu'à ce que la cire se sépare et qu'on puisse bien la laver par des affusions successives. Les lavages terminés, on traite par l'acide sulfurique étendu qu'on laisse agir 12 à 14 heures, afin que la cire acquière un plus beau blanc. On lave encore à deux ou trois eaux pour enlever l'acide, et on fait enfin fondre la cire au bain-marie ou à la vapeur. Quand elle est arrivée à un haut degré de limpidité, on la soutire ou on la décante, et on la met en pains.

On peut aussi, après les premiers lavages, éviter l'emploi de l'acide sulfurique en laissant d'abord égoutter l'eau et soumettant ensuite à l'action de la presse hydraulique.

Pour blanchir la cire de myrica qui est verte,

M. Bernard, des Etats-Unis, a proposé de la saponifier au moyen du chlorure de sodium, et lorsque la saponification a été complète, de neutraliser par l'acide sulfurique. Le produit immergé dans l'eau se prend ou s'agglomère sous forme de neige, et il suffit alors de le faire sécher à l'air et dissoudre à chaud dans l'alcool à 36°, après avoir séparé de l'alcool, on obtient une matière d'une blancheur remarquable qui donne des bougies aussi belles que celles d'acide stéarique.

On a vu qu'on avait reconnu depuis longtemps que l'essence de térébenthine était propre à favoriser le blanchiment de la cire. M. X. Schmidt a entrepris à ce sujet, en 1866, une série d'expériences d'où il résulte que tant à chaud qu'à froid, à l'ombre comme à la lumière, à l'air libre ou confiné, une très-petite proportion de cette essence peut avec le temps opérer le blanchiment de la cire jaune ; toutefois l'opération à chaud et à la lumière et aussi avec accès de l'air, et enfin en augmentant la proportion de l'essence, paraît marcher plus rapidement. Il devient d'ailleurs avantageux de hâter cette opération en chauffant la cire avec l'essence, fondant ou exposant fréquemment au soleil, parce que le procédé ne peut être considéré comme complet que lorsque l'essence ajoutée est évaporée, et qu'après un contact prolongé entre la cire et l'essence, il n'est plus possible de les séparer complétement sans que ces substances aient perdu leurs propriétés.

On arrive le plus promptement au blanc en employant le rapport de 8 parties de cire jaune purifiée, et de 1 1/2 à 2 parties d'essence de térébenthine, chauffant jusqu'à ce que l'essence commence à réagir et à s'évaporer, et exposant à la lumière solaire. En 6 à 8 jours le blanchiment est terminé.

Quant à la fonte de la cire dans l'essence de térébenthine, voici les précautions qu'il faut observer.

On ne doit pas chauffer trop fortement, autrement la masse se colore en brun et prend une odeur piquante. Après chaque fusion il se sépare une matière fine, pulvérulente et noire qui souille la cire et ne permet pas à la couleur blanche de se développer. Pour prévenir l'action de cette matière colorante, on peut passer la cire, après l'avoir fait fondre, à travers une toile. On fond la cire et l'essence, soit dans un vase en verre ou en porcelaine, soit dans un vase en terre émaillé ordinaire.

Voici, d'après ses expériences propres, les proportions que recommande M. Schmidt :

8 parties de cire jaune et 1 partie d'essence de térébenthine sont fondues ensemble à une température de 50° C., et chauffées jusqu'à ce que l'essence commence à s'évaporer ; on coule alors en planches minces qui, à l'ombre et à froid, indiquent à peine un changement au bout de trois semaines. Après une nouvelle fusion, on voit au bout de quatorze jours se développer un blanc sensible ; à la lumière solaire, sans seconde fusion, le blanc est déjà remarquable au bout de huit jours, et avec une seconde fusion il est complet en trois semaines. Avec 1 1/2 partie d'essence et 8 parties de cire, ce changement, toutes les autres circonstances restant les mêmes, est plus rapide, et des fusions répétées de la cire et de l'essence, en remplaçant cette dernière qui s'évapore, hâtent ce blanchiment, quand on traite ensuite la masse comme ci-dessus. L'action est plus lente si on

fond 8 parties de cire et qu'on la laisse presque refroidir avant d'y ajouter une partie d'essence. Si on
augmente la proportion de cette essence, on hâte
l'opération. Dans tous les cas, lorsqu'on a atteint le
blanc, l'odeur de l'essence de térébenthine a complétement disparu de la cire qui présente alors les propriétés de la cire blanchie par les méthodes ordinaires.

ARTICLE V. — **Observations générales sur le blanchiment de la cire.**

1° Dans les articles qui précèdent, nous n'avons
eu en vue que de décrire les moyens qu'on emploie
dans les belles manufactures, où l'on ne travaille
que les cires pures, et celles qui ne prennent que
le plus beau blanc ; mais nous devons rappeler que
nous avons fait observer que toute la cire n'est pas
susceptible de se blanchir parfaitement. Il y en a qui
conservent une teinte jaunâtre plus ou moins forte ;
alors, pour en tirer parti, et afin de pouvoir les
employer à la fabrication des cierges et de la bougie,
on y mêle du beau suif que l'on prend autour des
rognons de mouton ou de bouc. On y en mélange le
moins possible, et seulement pour faire disparaître la
teinte jaune.

Cet alliage, quand il ne dépasse pas 5 pour cent,
pourrait, à la rigueur, ne pas porter un grand préjudice à la beauté de la bougie, puisqu'elle a une
assez belle apparence, et qu'elle se vend moins cher
que la belle cire pure ; mais c'est une fraude qui est
toujours préjudiciable à l'acheteur, parce que ces
bougies durent moins de temps que les bougies pures,
et d'autant moins que la graisse y entre en plus
grande quantité.

La cupidité des ciriers les engage souvent à dépasser cette proportion : il y en a qui allient jusqu'à vingt-cinq pour cent, non-seulement de graisse ferme et dure, telle que celle dont nous venons de parler; mais ils prennent indifféremment toute espèce de graisse; alors la fraude se manifeste facilement par l'odeur, par le toucher, par la transparence, par la promptitude avec laquelle les bougies se consument, et par la lumière terne qu'elles répandent. On distingue aisément toute espèce d'alliage, en ce que la cire alliée est d'un blanc mat, et n'a jamais une aussi belle transparence que la cire pure.

La cire alliée ne se rubane pas aussi bien que la cire pure; elle n'a point de corps, et en se détachant de dessus le cylindre, elle s'émiette et surnage dans la baignoire, de même que le ferait du large son qu'on jetterait sur l'eau. Il serait alors impossible de se servir de la fourche (fig. 22) pour l'enlever; il faut, dans ce cas, employer la fourche garnie d'osier (fig. 13), ou même quelquefois un tamis.

2° Lorsqu'il fait de grands vents, comme aux approches d'un orage, il faut avoir toujours l'œil sur les toiles, afin de se garantir contre les pertes qui peuvent résulter d'une négligence. Le vent soulève les toiles, lance les rubans en l'air; ils s'y élèvent quelquefois très-haut; ils sont emportés ensuite par le vent, au loin : on en a vu transportés à une demi-lieue. Pour parer à cette perte, on détache la toile à moitié, du côté où vient le vient, et on la double sur l'autre moitié. La cire est alors prise entre deux toiles et court moins de risques d'être emportée; mais il en résulte souvent un autre inconvénient; les rayons du soleil ne frappant plus directement sur la cire, elle ne se blanchit pas, et la chaleur de ses rayons, qui se concentrent, fait fondre cette cire qui se met en masses; alors, lorsque le vent a cessé, on étale de nouveau la toile, et on la fixe comme avant; on étale les rubans et on enlève tous ceux qui sont jaunes, qui se sont agglomérés, pour les faire refondre et les rubaner de nouveau.

Pour éviter cet inconvénient, on a essayé de substituer des tables de pierre aux toiles; mais on n'a pas été longtemps à s'apercevoir que ce moyen n'était pas praticable : la pierre s'échauffe et fond la cire. A Marseille, on fait des banquettes en briques; on leur donne une légère pente; on fait entrer par la partie supérieure une lame d'eau qui, en s'écoulant, rafraîchit la brique dans toute sa longueur, et empêche la chaleur des rayons solaires de fondre la cire.

3° Quant aux *déchets* que nous avons dit, qui se forment par les crasses qui se déposent au fond des cuves, voici le moyen d'en tirer parti : on verse l'eau et les crasses dans des baquets percés, afin de laisser couler l'eau; on les retire lorsqu'on en a une quantité suffisante pour remplir une chaudière; on y ajoute douze litres d'eau pour 50 kilog. de déchets; on allume le feu, et l'on fait chauffer pour bien liquéfier la cire; on l'entretient pendant six heures à cette température, afin de donner le temps aux saletés de se précipiter au fond de l'eau : on éteint le feu; alors, avec une casse ou grande cuiller, on enlève la cire qui surnage, et on la verse dans de grands poêlons de cuivre. On en forme ainsi des pains que l'on refond, et que l'on travaille pour les blanchir de même que l'autre cire.

L'eau et les *déchets* qui restent au fond de la chaudière sont jetés dans un panier d'osier pour laisser égoutter l'eau ; on les met ensuite dans une chaudière pour les faire fondre avec beaucoup d'eau ; ensuite, dans le seau de fer que nous avons décrit dans l'*Art du Chandelier* (p. 42, tome I), on les soumet à l'action de la presse pour en extraire toute la cire : cette cire ne peut être employée que pour les ouvrages communs dont nous parlerons dans la suite.

M. P. J. Roland, à Sens, a proposé, en 1840, un procédé de purification des déchets de cire dont nous dirons quelques mots.

On prend 20 kilog. du marc que rejettent les fabricants de cire, et qu'ils extraient des gâteaux de miel après que celui-ci en a été exprimé ; on les pulvérise et on y ajoute 10 kilog. d'essence de térébenthine ; puis on laisse macérer ce mélange pendant vingt-quatre heures.

On ajoute ensuite 30 kilog. d'eau, et l'on fait bouillir le mélange pendant une heure, après quoi on le passe dans une toile avec expression. On soumet le liquide obtenu à la distillation pour en retirer presque toute l'essence de térébenthine employée pour l'opération. Ce qui reste dans le cucurbite de l'alambic est de la cire et de l'eau ; il suffit d'évaporer à l'air libre pour obtenir la cire qu'on purifie et que l'on coule en pain.

4° Il ne faut pas perdre de vue que la cire oxyde le cuivre, et produit du vert de gris qui colorerait la cire ; par conséquent on ne doit employer aucun vase de cuivre qui ne soit fortement étamé. Dans les grandes fabriques, au lieu de chaudières de cuivre étamées, qui ne sont pas d'un long usage, on fait doubler en étain les chaudières en cuivre ; mais les chaudières d'étain, chauffées par la vapeur de l'eau bouillante, telles que nous les avons décrites dans l'*Art du Chandelier* (p. 277, tome I), sont préférables : la chaleur nécessaire pour tenir la cire en fusion n'est pas capable de les faire fondre.

5° Les ciriers fondent de nouveau la cire qui a été employée à différents ouvrages : tels que les bougies d'appartement, les cierges, les flambeaux, etc., qui n'ont été brûlés qu'en partie. Nous allons décrire les précautions qu'il est indispensable de prendre pour préparer cette refonte, et pour tirer parti du tout.

Il faut d'abord classer chaque partie selon les différentes qualités de la cire. On doit, par exemple, faire un tas des bougies faites avec de la cire pure, un autre tas de celles qui sont alliées de suif, un autre de la cire des cierges, en séparant les qualités. La cire des flambeaux est la plus mauvaise ; on en fait un ou plusieurs tas à part.

Ce triage fait, on casse les pièces d'un même tas : on en retire les mèches, qu'on met à part ; on fait fondre cette cire, on la rubane, et on la met blanchir sur les toiles, comme pour le regrêlage (page 141) ; enfin on en forme des pains que l'on emploie pour les premières couches des cierges, etc.

Les cires alliées se traitent de la même manière, mais elles sont employées à des ouvrages plus communs, et qui se vendent à plus bas prix.

Les flambeaux sont ordinairement couverts d'une couche de cire blanche ; il est facile de l'enlever en l'écaillant ; on la mêle avec la cire alliée. Quant à la résine qui couvre les mèches, on la fait fondre à part pour en former de nouveaux flambeaux.

Les mèches que nous avons recommandé de mettre à part, contiennent beaucoup de cire qu'il est important de ne pas laisser perdre. Pour la recueillir, on remplit à moitié d'eau une chaudière, on y jette toutes les mèches des bougies, des cierges, et des autres ouvrages qui ne contiennent pas de résine. Lorsque l'eau est assez chaude, la cire fond, se détache des mèches, revient à la surface, d'où on extrait tout ce qu'on peut avec des casses, et l'on met le reste dans le seau de fer de la presse, et par une forte pression, on extrait toute la cire ; on en fait autant, mais à part, pour les mèches des flambeaux, afin d'en extraire toute la résine. Après cette opération, les mèches ne sont bonnes qu'à brûler pour allumer le feu.

La cire qu'on tire des mèches est toujours très-rousse ; on la fond sans la grêler : elle n'est employée que pour les ouvrages communs, ou pour entrer dans la composition des flambeaux.

6° L'art de mouler la cire en pains exige une certaine habitude ; il y a un tour de main qu'on ne peut guère qu'indiquer, afin de lui donner le coup d'œil nécessaire pour flatter l'acheteur. Il faut qu'en la versant dans les moules elle ne soit ni trop chaude ni trop froide, sans cela la surface des pains est ridée et souvent gercée, tandis qu'elle doit être très-unie. Quelques essais rendent maître dans cette partie.

CHAPITRE III.

DE LA FABRICATION DES BOUGIES ET DES CIERGES.

Avant de décrire la manière d'opérer pour fabriquer les bougies et les cierges, nous devons indiquer la manière de préparer les mèches qui leur servent d'axe, et sans lesquelles ils ne pourraient pas brûler.

On distingue deux sortes de bougies : 1° la bougie de table ou d'appartement, qui se divise en deux sortes : la bougie moulée et la bougie jetée; 2° la bougie filée.

On fabrique des cierges de différentes formes, de grosseur et de longueur, qui varient beaucoup entre eux. Nous décrirons dans ce Chapitre la manière générale de fabriquer les cierges, soit à la *cuiller*, soit à la *main;* et dans le Chapitre suivant, nous indiquerons les différentes espèces de cierges ou de flambeaux qui sont le plus en usage.

Ce Chapitre sera divisé en autant de paragraphes que nous nous proposons d'y traiter d'articles différents.

ARTICLE Ier. — **Des Mèches.**

Dans l'*Art du Chandelier* (p. 229, tome I), nous avons traité très au long de la manière de préparer les *mèches* et de la matière qui est propre à cet objet. Nous n'ignorons pas que beaucoup de ciriers mêlent au fil de coton du fil de chanvre ou de lin, connu sous le nom de fil de Guibrai ou de fil de Cologne. Ils en mêlent quelquefois jusqu'à un tiers, parce que, disent-ils, ce fil ayant plus de raideur que le coton, il soutient la mèche verticale pendant la combustion et l'empêche de se courber. Ils sont dans l'erreur, et le contraire arrive : le fil ne se brûle pas aussi vite que le coton, et il occasionne cette courbure qu'ils voudraient éviter. D'ailleurs, aujourd'hui, le fil de lin est beaucoup plus cher que le coton, et ne fait pas, à beaucoup près, un aussi bon usage.

Pour les bougies de table, la belle bougie filée et les cierges fabriqués avec de la belle cire, il ne faut employer que le coton filé bien fin et bien égal, ce qui n'est pas difficile à trouver aujourd'hui, depuis qu'on file le coton à la mécanique. Nous avons suffisamment expliqué les qualités qu'il doit avoir.

Le coton est dévidé en double ; on en fait des pelotons qu'on place dans un crible dont le fond est en peau, percé d'une infinité de trous, afin que les ordures puissent s'échapper par ces trous, et que le coton ne soit pas ébouriffé comme il le serait si on le mettait dans une corbeille d'osier. On met huit pelotons dans ce crible, si la mèche doit avoir 32 fils, parce que le coton étant doublé sur chaque peloton, les huit en remplacent seize, et comme les mèches doivent être doublées pour les bougies de tables et pour les cierges, on obtient, en les doublant comme pour les chandelles, les 32 fils.

Les mèches doivent être très-petites, comparées à celles des chandelles, parce que la cire donne une clarté plus vive et plus brillante que la graisse.

Le coupoir est construit de la même manière que celui que nous avons décrit pour les chandelles (p. 239, tome I), seulement le cirier en a de plusieurs dimensions, proportionnées à la longueur des cierges qu'il fabrique.

Les mèches pour la bougie filée ne sont pas doublées; elles sont d'une longueur indéterminée, et on les dévide sur une bobine au nombre de fils qu'on juge nécessaire : cette bobine sert ensuite pour filer la bougie, ainsi que nous l'expliquerons.

En décrivant les différentes espèces de cierges et de flambeaux que le cirier fabrique, nous indiquerons ceux dont les mèches sont en fils de Cologne ou de Guibrai, qui, du reste, se préparent comme celles de pur coton.

Les ciriers font préparer, par les cordiers, les mèches des flambeaux qui sont en étoupes de chanvre ou de lin. Ils filent des fils d'étoupes qu'ils tordent peu; ils les coupent de 2 mètres de long pour les grands flambeaux; ils en assemblent huit brins qu'ils tordent légèrement les uns sur les autres, les plient en deux, et la mèche est faite. Ils prennent ensuite quelques fils blancs d'étoupes de lin de Guibrai; ils en forment un petit écheveau qu'ils passent, comme nous l'avons dit (p. 313 et suiv., tome I), dans les anses des fils de la mèche, qu'on nomme le collet du flambeau.

ARTICLE II. — **Bougies de table ou d'appartement.**

La bougie de table ou d'appartement est de deux espèces; la bougie *moulée* ou *coulée*, et la bougie *jetée* ou *à la cuiller*. Nous allons faire connaître en quoi consistent ces deux opérations.

Section I. — MANIÈRE DE FABRIQUER LES BOUGIES MOULÉES OU COULÉES.

Les bougies *coulées* ou *moulées* se fabriquent de la même manière que les *chandelles moulées* (voy. p. 310, tome I). La seule différence consiste : 1° dans la manière de tremper les mèches ; 2° dans la manière dont les moules sont formés.

Les mèches se trempent toujours de la même manière, quelle que soit leur longueur ; nous décrirons cette manipulation lorsque nous nous occuperons de l'*Art de fabriquer les cierges*.

Les moules qu'on emploie sont faits comme ceux pour les chandelles ; ils ne diffèrent qu'en ce qu'ils sont en verre. Pour extraire la bougie de dedans ces moules, on les trempe pendant quelques instants dans un vase plein d'eau chaude : le moule se dilate, et la bougie sort avec facilité.

Section II. — MANIÈRE DE FABRIQUER LES BOUGIES A LA CUILLER, OU JETÉES.

Les manipulations employées pour fabriquer les bougies jetées ou à la cuiller sont, à peu de chose près, les mêmes que celles usitées pour les cierges ; voici seulement en quoi elles diffèrent : on met les mèches en *ferret*, ensuite on jette la cire en deux temps, en commençant par le milieu de la bougie, et en les retournant comme on va le voir.

Mettre en ferret. — Un ouvrier, et c'est ordinairement une femme qui est chargée de ce travail, assise devant une table, a à côté d'elle une boîte contenant les *ferrets* (ce sont des petits tuyaux de fer-blanc qui empêchent le lumignon de la mèche de se charger de cire) : elle pose sur ses genoux un paquet de mèches trempées. Alors elle prend de la main droite un bout de fil de laiton recourbé par une de ses extrémités, qu'elle passe dans l'anse de la mèche ; elle enfile ce fil de laiton dans le ferret dans lequel la mèche entre assez juste ; elle force tous les fils à entrer, mais elle a soin qu'aucun ne déborde par le bout opposé du ferret, afin que pendant la jetée la cire ne puisse l'atteindre, et qu'on ait la facilité de retirer le ferret lorsque la bougie est terminée. Les mèches ainsi préparées, sont livrées à l'ouvrier chargé de former les bougies.

Jeter les bougies. — L'ouvrier attache par le bas, avec un peu de cire, les mèches aux ficelles qu'on a placées autour du *cerceau* dont on verra la description et l'usage à la section IV (*de la fabrication des cierges à la cuiller*), de sorte que les ferrets sont tous en bas. Alors il jette la cire, en commençant par le milieu de la longueur de la mèche. Par ce moyen il couvre la moitié de la mèche, de même que le ferret. Lorsqu'il a porté ainsi la bougie par ce bout à une grosseur convenable, il retourne les bougies, les attache par l'autre bout au cerceau de la même manière, et il jette la cire sur l'autre moitié de la bougie jusqu'à ce qu'il ait atteint la grosseur convenable, pour lui donner une forme cylindrique. Lorsque cet ouvrier présume que ses bougies ont acquis le poids qu'il désire, il les livre à un ouvrier qui les roule sur la table, comme on le verra dans le travail des cierges. La seule différence consiste en ce qu'ici il faut enlever les ferrets, ce qu'il fait de la manière suivante.

Après avoir mouillé la table afin que la cire ne s'y attache pas, il roule cinq à six de ses bougies, comme nous l'expliquerons plus bas, et avec le *couteau à ferrets*, qui a 3 décimètres de long, sur 1 décimètre de large, et dont le tranchant est à deux biseaux, il enlève du haut environ 2 centimètres de cire, afin de découvrir le *ferret*, qu'il enlève; et avec le *couteau à tête,* qui n'a qu'un seul biseau, il forme la tête en cône d'un centimètre et demi de hauteur, et découvre parfaitement le collet de la bougie.

Après qu'il a opéré sur la tête de la bougie, il la coupe de longueur. Pour cela, il prend une *mesure,* qui n'est autre chose qu'un cylindre de bois dur garni par ses deux bouts d'une virole d'argent ; car, ainsi que nous l'avons fait observer plus haut, on doit bannir le cuivre de tous les instruments qui touchent la cire : elle verdirait. Il coupe avec de gros ciseaux, comme ceux des tailleurs, la cire et la mèche qui dépassent la longueur de la mesure : c'est là l'opération qu'il appelle *rogner.* Il faut faire attention que la cire soit encore assez molle pour ne pas s'écailler.

Toutes ces opérations se font promptement et par plusieurs ouvriers différents ; chacun est chargé d'une opération particulière afin que le travail aille plus vite, et que la cire n'ait pas le temps de se refroidir assez pour mettre obstacle au travail.

Enfin, un ouvrier tenant la bougie à plat sur la table, et le couteau à plat contre le cul des bougies, il les fait rouler pour rendre cette partie plate et couvrir la mèche dans le cas où elle se trouverait à découvert. Après cela on les pèse, et l'on avertit celui qui les jette si elles sont de poids ou non. Il ne reste plus qu'à les ranger sur une feuille de papier posée sur une planche pour les faire sécher.

Les manipulations que nous venons de décrire succinctement, et qui se répètent dans la fabrication des cierges, seront plus détaillées dans la section IV de ce Chapitre, où nous traiterons spécialement de cette partie de l'art du cirier. En renvoyant le lecteur à ce paragraphe, nous éviterons des répétitions inutiles.

Section III. — FABRICATION DE LA BOUGIE FILÉE.

La bougie filée était autrefois un des ouvrages les plus difficiles de l'art du cirier, à cause de l'égalité parfaite que doit avoir la mèche dans toute sa longueur. Lorsqu'on filait le coton à la main, il était impossible d'obtenir une filature égale, et il fallait une attention continuelle pour que tous les fils qui devaient composer la mèche fussent ensemble d'une même grosseur et d'une même force. Il fallait, pour y parvenir, placer un fil gros à côté d'un faible, afin que la faiblesse de l'un fût exactement réparée par la force de l'autre : ce travail était pénible, et ne réussissait pas toujours bien. Depuis qu'on est parvenu à filer par mécanique avec une grande régularité, cette difficulté n'existe plus.

Comme la bougie filée peut être d'une longueur indéterminée, on prend autant d'écheveaux qu'on désire que la mèche ait de fils ; ce nombre varie suivant la grosseur que l'on veut donner à la bougie ; on met chaque écheveau sur un dévidoir, et on les dévide tous à la fois sur une bobine. Lorsqu'un fil casse, on noue ses deux bouts par le nœud du tisserand, qui ne tient presque pas de place.

Cette première opération terminée, il s'agit de filer la bougie. Pour cela, le cirier se sert d'un instrument (pl. 9, fig. 19) qu'il nomme *tour*, et qui est composé, 1° de deux cylindres ou tambours A, B, montés sur un pied en charpente, et suffisamment lourd pour qu'il ne bouge pas pendant le travail : chaque tambour porte une manivelle à son axe ; 2° entre les deux tambours, et à égale distance de chacun, est placée une espèce de forte table C, qu'on nomme *chaise*, dont le dessus est un vase D en cuivre bien étamé, dans le milieu duquel est placée la cire dans un enfoncement qui sert de chaudière. Ce vase se nomme un *péreau*; on en voit le plan, fig. 25, et la coupe par le milieu de sa longueur, fig. 18. Au milieu de cette dernière figure on aperçoit un crochet H placé au fond du péreau, sous lequel passe constamment la mèche, afin qu'elle trempe toujours dans la cire, et qu'elle en soit recouverte. Au-dessous du *péreau* on met un réchaud E, plein de braise en quantité suffisante pour tenir la cire en fusion, mais pas assez pour lui faire prendre une teinte rousse ; 3° une filière F, circulaire, dont on voit le plan, fig. 17, est percée de trous qui vont toujours en augmentant graduellement de diamètre. Ces filières sont d'autant plus parfaites que les trous en sont bien ronds, parfaitement polis, et que la différence de grosseur est petite et uniforme. Un des côtés de la filière a les trous évasés coniquement ; chaque trou est numéroté, le plus petit porte numéro 1. Cette filière est placée entre les plaques G, G, qui l'empêchent de se mouvoir en avant ou en arrière. Nous n'ignorons pas que beaucoup de ciriers emploient des filières longues; mais les filières rondes sont plus commodes, elles ne dépassent pas le *péreau*, et ne peuvent pas gêner pendant le travail.

Tout cela bien entendu, l'ouvrier prend le bout de la mèche, l'imbibe de cire dans une longueur de 12 à 15 centimètres, il appointe avec les doigts le bout de la mèche, la fait passer sous le crochet H, dans le trou de la filière qui lui convient, et la colle, encore toute molle, sur l'autre tambour opposé à celui sur lequel la mèche est enroulée. Comme cette cire n'est pas encore bien refroidie, il l'arrête sur ce tambour avec facilité, et la maintient jusqu'à ce qu'il ait fait faire à peu près un tour de manivelle. Il tourne lentement ensuite, pour donner le temps à la cire de se figer, et il entretient toujours la cire dans le bassin du *péreau*, à une hauteur telle que le crochet H ne soit jamais à découvert.

Lorsqu'il a transporté toute la mèche sur un des tambours, par exemple le tambour B, il change la filière à l'autre bout du péreau ; il passe la bougie dans un trou immédiatement plus gros, en tournant la filière de manière que son évasement regarde le tambour A dans l'exemple que nous donnons, c'est-à-dire le tambour de dessus lequel la bougie commencée ou la mèche se déroule. Il recommence sur le tambour A la même opération qu'il a faite sur le tambour B, et ainsi successivement jusqu'à ce qu'il ait atteint la grosseur qu'il désire. Toute la bougie filée, de quelque espèce qu'elle soit, se fait de la même manière, soit que la cire soit blanche, soit qu'elle soit jaune, soit que la mèche soit en coton ou en fil de lin ou de chanvre, soit qu'elle soit mêlée de fil et de coton. Dans le chapitre suivant, nous indiquerons les différences qui existent pour la composition de la matière, ou la préparation des mèches selon leurs différentes qualités. La bougie filée ne pourrait pas être livrée au consommateur dans l'état où nous venons de la laisser : il faut la rouler ou la mettre en paquet de manière à ce qu'elle puisse être consumée avec facilité. Pour cela on en fait des paquets que l'on plie en rond ou en carré, que l'on fait du poids de 225, 112, 65 et 32 grammes.

Nous indiquerons les manipulations qu'on emploie

pour y parvenir dans les diverses sections du chapitre suivant, où nous indiquerons, dans le même ordre que nous avons traité de la fabrication, comment le cirier dispose ses divers ouvrages avant de les livrer à la consommation.

Section IV. — FABRICATION DES CIERGES A LA CUILLER.

Les cierges se fabriquent à la cuiller, c'est-à-dire qu'à l'aide d'une grande cuiller on verse de la cire fondue sur les mèches qui sont suspendues verticalement à un instrument que les ouvriers nomment *romaine*, et que nous allons bientôt faire connaître en décrivant les outils dont se compose l'atelier du cirier.

Les instruments dont on se sert dans cette fabrication sont : 1° un fourneau en tôle A, fig. 30, pl. 9, qu'on nomme *caque*, dans lequel on place une cassolette en fonte de fer ou en tôle B, remplie de braise. La *caque* est surmontée d'une bassine en cuivre solidement étamé C, sur laquelle repose un rebord en fer-blanc D, qui a un goulot E, et une autre entaille F, pour laisser entrer et sortir librement les cierges, au fur et à mesure qu'on fait tourner le cerceau qui les supporte, et dont nous allons parler. La figure 23 montre en coupe ces quatre pièces assemblées que la figure 22 fait voir en perspective.

2° Un cerceau G, fig. 31, en bois ou en tôle, assez grand pour suspendre une cinquantaine de cierges ou de bougies à des crochets de fer, placés sur son pourtour à la distance de 3 à 4 c. l'un de l'autre. Ce cercle est suspendu par une corde H, un anneau de fer et trois cordons, à une hauteur convenable pour que les bougies ou les cierges ne touchent pas la bassine de cuivre. On l'élève ou on l'abaisse à la hauteur convenable par la corde H, qui passe sur une poulie, et que l'on attache par son autre extrémité à un point fixe. Voilà la manière la plus simple de construire cet instrument qu'on nomme *romaine*, quelle que soit sa construction.

Ce cercle n'est pas toujours supporté par des cordes; dans ce cas il a quatre ou six rayons en fer qui aboutissent à une douille pareillement en fer qui lui sert de moyeu, comme une petite roue de voiture; il est porté par un arbre en bois, cylindrique, fixé sur un pied solide de la grosseur du trou de la douille, où il entre librement, mais sans jeu. L'arbre porte une douille semblable percée de deux trous vis-à-vis l'un de l'autre; on fixe cette seconde douille à l'arbre par une cheville de fer qui le traverse, et on l'élève ou on l'abaisse en plaçant la cheville dans des trous plus ou moins élevés. La douille du cerceau appuie sur la douille de l'arbre, et par ce moyen le cerceau est toujours horizontal.

Le nom de *romaine* lui a été donné de la forme du cerceau dont on se sert pour les *bougies à la cuiller*. Un fléau de balance suspendu par une corde à l'aide de la *chasse*, porte à chacune de ses deux extrémités un cerceau plus petit que ceux dont nous venons de parler, et imite assez bien une balance avec ses deux bassins. Chacun de ces cerceaux est suspendu par trois cordes comme les bassins d'une balance.

3° Une cuiller d'une forme particulière l, fig. 32, dont l'ouvrier se sert pour jeter les cierges ou les bougies.

4° Enfin une plaque de fer percée de trous K, fig. 27, qu'on place sur la cassolette qui est sous la bassine, afin de modérer par ce moyen l'action de la chaleur.

Tout étant ainsi disposé, l'ouvrier accroche les mèches après avoir placé au bout de chacune un *ferret*, mais seulement pour celles qui doivent former des bougies de table, comme nous l'avons dit, page 165. Alors, tenant de la main gauche le cerceau, de manière qu'il présente à sa portée la mèche sur laquelle il veut travailler, et de la main droite, avec la cuiller de fer I, fig. 32, remplie de cire fondue qu'il puise lui-même dans la bassine C, fig. 30 et 31, lorsqu'il travaille sur des bougies ou des cierges courts, il verse doucement cette cire sur les mèches, un peu au-dessous de leur extrémité supérieure, et les arrose ainsi l'une après l'autre; de sorte que la cire coulant de haut en bas sur les mèches, elles en deviennent entièrement couvertes, et le surplus de la cire retombe dans la bassine, au-dessous de laquelle est placée la cassolette pleine de braise pour tenir la cire en fusion ou pour empêcher qu'elle ne se fige.

Il est important de faire ici une observation sur la manière de jeter la cire. L'ouvrier, comme nous l'avons dit, est placé à la hauteur convenable à l'aide d'un gradin, lorsqu'il fabrique des cierges plus longs que sa taille ne le lui permet; il s'élève de manière que son épaule droite se trouve à la hauteur du cerceau; il pince, de deux doigts de la main droite, la mèche au-dessous du crochet, et verse la cire en commençant à 41 millimètres du bout de la mèche, en faisant tourner celle-ci tout doucement, afin que la cire se répande uniformément sur toute la circon-

férence de la mèche. Il continue ainsi sur toutes le
mèches qui sont placées autour du cerceau, de ma
nière que lorsqu'il a fait le tour, la cire qu'il a ver
sée sur la première est assez refroidie pour être e
état de recevoir une seconde jetée; on en donne di
à douze pour terminer un cierge.

La bonne manière de fabriquer les cierges consis
à donner trois jetées de toute leur longueur, la qua
trième un peu plus bas, et toujours ainsi de plus e
plus bas, afin que le cierge prenne bien la forme co
nique.

A moins qu'on ne soit très-pressé pour achever u
ouvrage demandé, on ne termine pas les cierges pa
une opération continue. Lorsque le cierge est à pe
près à la moitié de sa fabrication, on le décroche d
cerceau, on passe une ficelle dans le collet, et o
l'accroche à un clou planté dans une solive du plan
cher, afin de l'y laisser entièrement refroidir. Cett
précaution est surtout nécessaire en été; car si, dan
cette saison, on les terminait tout d'un coup, la cir
risquerait de se détacher de la mèche : elle tombe
rait dans la bassine.

Pendant qu'un ouvrier enlève ainsi les cierges
moitié fabriqués, un autre les regarnit de mèches o
de cierges commencés et bien refroidis pour conti
nuer les jetées.

On finit les cierges en opérant de la même ma
nière; mais comme ils sont toujours beaucoup plu
gros par le bas que par le haut, l'ouvrier a soin d
commencer, après les premières jetées, au quart, au
tiers, à la moitié, etc., de la hauteur, ce qu'il nomm
des *quarts*, des *tierces*, des *demi-jetées*, etc. Pou
rendre la forme de son ouvrage plus régulière, il

doit avoir en outre l'adresse de verser la cire tantôt plus bas, tantôt plus haut, selon la forme que prend son cierge.

Les bons ouvriers sont assez adroits pour fabriquer les cierges précisément du poids qu'on leur demande; pour cela, lorsqu'ils jugent avoir atteint ce poids, ils les décrochent, les pèsent, et, s'ils sont satisfaits, ils les *étendent*.

Nous ne parlerons pas de la fraude que commettent quelques ciriers en donnant la dernière jetée avec la plus belle cire; en décrivant cet art, nous ne nous sommes pas proposé d'indiquer les fraudes.

Par le mot *étuve*, les ciriers n'entendent pas ce qu'on désigne ordinairement par cette dénomination : ils désignent, sous ce nom, un lit de plume ou un matelas sur lequel ils placent les cierges entre deux linges blancs qu'ils recouvrent d'une couverture de laine pliée en double. Cette précaution est nécessaire pour laisser refroidir la cire lentement, afin qu'elle conserve assez de moiteur pour pouvoir être roulée sans s'écailler, et assez de dureté dans toute sa masse pour se prêter avec avantage à l'opération du *roulage*. Indépendamment du mot *étuve* qu'ils donnent à cette réunion du lit de plume, du matelas et de la couverture, ils nomment souvent le tout *lit*; et pendant les grands froids d'hiver, ils sont obligés de le bassiner.

On place les cierges dans le lit, tête et queue du même côté, afin qu'ils forment une surface à peu près horizontale.

Après que le cierge est ainsi préparé, on le roule sur une grande table de bois de noyer parfaitement dressée et bien polie. L'ouvrier se sert d'une planche de bois dur, de forme rectangulaire, bien unie et polie en dessous, et surmontée d'une ou deux poignées, selon qu'on travaille avec une ou deux mains. Il nomme cet instrument *platine*, *polissoire* ou *rouloir*. La figure 33 montre, en perspective, cette *polissoire*, à une seule poignée; la figure 34 la montre en profil. Lorsqu'elle a deux poignées, il y en a une à chaque bout.

Les bons ciriers font recouvrir leur table à polir et leurs polissoires avec du bois de gaïac, qui, à cause de sa dureté, se polit parfaitement et donne à la cire un très-beau brillant. L'ouvrier, assis devant cette table, et ayant en face une croisée, mouille de temps en temps la polissoire et la table à l'endroit où il travaille, afin que la cire ne s'y attache pas.

Il faut beaucoup d'adresse pour bien rouler les cierges, afin de réparer les inégalités très-difficiles à éviter dans les jetées, à ce qu'on n'aperçoive pas de ressaut chaque fois que l'on change la polissoire de place, et que le cierge prenne une forme bien droite, bien ronde et bien régulière. Il faut qu'un ouvrier soit bien exercé pour exécuter parfaitement cette manipulation importante, qui donne au cierge un aspect agréable. Il ne faut pas surtout qu'il néglige de prendre souvent, avec la main, de l'eau dans le petit vase qu'il a toujours à côté de lui sur la table, et d'en jeter sur la table et sur la polissoire.

Lorsque l'ouvrier a poli entièrement les deux ou les quatre cierges qu'il a tirés en même temps du *lit*, il les place l'un à côté de l'autre sur la table, de manière que les collets soient sur une même ligne droite; alors il les rogne tous à la fois avec un couteau de bois B, fig. 35, en faisant rouler les cierges sur la table sous le tranchant du couteau, et il fait en sorte que leur base soit bien plate. Ce couteau, qui a ordinairement 32 centimètres de long, 11 centimètres de large, et 3 centimètres d'épaisseur du côté du dos, se nomme *couteau à rogner*.

Après cette opération il ne reste plus, pour finir les cierges, qu'à les percer à leur base, et dans le sens de leur axe, d'un trou qu'on nomme *douille*, et qui sert à recevoir la broche du chandelier, sur laquelle le cierge doit s'élever verticalement; il est important que ce trou soit parfaitement dans l'axe du cierge : sans cela, lorsqu'il serait placé sur le chandelier, il pencherait à droite ou à gauche, ce qui produirait un très-mauvais effet. Voici comment on opère : le cierge étant entièrement couché sur le table, l'ouvrier appuie sur lui le plat de la main gauche et le fait rouler; il présente le bout du doigt de la main droite au milieu du bout du cierge, et il y marque un enfoncement, puis, prenant de la même main la *broche* que nous décrirons plus bas, sect. 6, il en enfonce la pointe au milieu de ce trou, en faisant continuellement tourner le cierge, et tenant la broche bien fixe. Il l'enfonce ainsi de 12 à 15 centim., plus ou moins selon sa grosseur, et y imprime de suite des empreintes lorsque cela est nécessaire. Ces empreintes, qui sont la marque et le nom de la manufacture, sont ordinairement gravées sur le dos du couteau à rogner; il les applique sur le bas du cierge en le faisant rouler; alors le cierge est fini.

Section V. — FABRICATION DES CIERGES A LA MAIN.

Lorsqu'un cierge dépasse une certaine longueur, 130 centimètres environ, il est plus avantageux de

le fabriquer à la main que de le jeter à la cuiller.
La taille ordinaire d'un ouvrier ne serait pas assez
élevée pour qu'il travaillât seul. Il est déjà obligé
d'avoir un aide pour puiser la cire dans la bassine,
et la lui verser dans la cuiller lorsqu'il est obligé de
s'élever sur le gradin, de sorte qu'il en aurait besoin
de deux, de trois ou même de quatre, si le cierge était
plus long, ce qui serait très-dispendieux. Pour éviter
ces inconvénients, on les fabrique *à la main*, c'est-à-
dire qu'on enveloppe la mèche avec de la cire amollie, et qu'on les travaille horizontalement.

Des mèches. — On les fait avec moitié fil de Cologne et moitié coton (voyez article I, p. 162), pour les
cierges moyens, et entièrement de fil de Cologne pour
les cierges très-grands; on accroche le bout de la mèche dans un crochet en fer scellé dans le mur, à une
hauteur d'environ un mètre du sol, afin qu'on puisse
travailler commodément; on passe une ficelle dans
le collet, on attache un poids à cette ficelle, et on la
fait passer sur un crochet fixé à un corps lourd qu'on
peut approcher ou éloigner du mur à volonté, afin
de tendre plus ou moins la mèche. On a soin que ce
dernier crochet soit un peu plus près du sol que le
premier. On n'a pas besoin de ce second crochet lorsqu'on fait tenir ce côté de la mèche par un ouvrier.

Préparation de la cire. — Pendant que l'ouvrier
dispose sa mèche, on fait tiédir de l'eau dans une
chaudière cylindrique et couverte, et l'on entretient
l'eau à cette température; on y jette de la cire, qui
se ramollit sans se fondre. L'on sent bien que la surface de chaque pain, recevant directement l'impression de la chaleur, se ramollit avant que l'intérieur
en ait été pénétré, et que si l'on continuait ainsi, la

surface se fondrait, ce qu'on doit éviter. L'ouvrier enlève avec une écumoire environ un demi-kilogramme de cire, il la pétrit entre les mains et la rejette dans l'eau tiède. Lorsqu'il a ainsi réuni tous les pains en masses de demi-kilogramme, il les soumet à l'action de la *broie à écacher*.

De la broie à écacher. — Sur une forte table A (fig. 28, pl. 9), solidement assemblée, est fixé un fort étrier en fer B, terminé de part et d'autre par deux forts anneaux engagés dans de gros pitons à vis, fixés dans la table par de bons écrous qu'on visse par-dessous. On engage sous l'étrier, qui est plat, un bout de solive de bois dur C, de 8 centimètres de large sur 7 centimètres d'épaisseur. Ce morceau de bois est bien uni et bien lisse par-dessous. Au dehors de la table, ce bois est aminci et arrondi en D, pour en former le manche que l'ouvrier peut facilement manier. Cet instrument ainsi construit se nomme *broie à écacher*.

L'ouvrier sort de la chaudière la cire amollie, il la place sous la pièce C *à broyer*, et, à force de bras, il la pétrit jusqu'à ce que toute cette masse soit uniformément ramollie, de manière qu'en la maniant entre les doigts on n'y reconnaisse aucune portion plus dure l'une que l'autre. On donne le nom de *cire écachée* à celle qui a été préparée de cette manière; on l'emploie à fabriquer les cierges à la main.

Au sortir de la broie à écacher, on met la cire dans l'eau tiède, afin qu'elle reste dans son état ductile; mais il faut prendre garde qu'elle ne fonde.

Fabrication. — L'ouvrier sort un morceau de cire de l'eau tiède, il la manie dans les mains pour la rendre encore plus ductile, et la pétrit dans un linge blanc, afin d'exprimer toutes les parties aqueuses

qu'elle peut encore contenir; il en forme une espèce
de gouttière de 15 à 20 centimètres environ, dont il
environne la mèche tendue, il commence par le gros
bout, qui est le plus élevé, il la comprime fortement
avec les deux mains, et l'étend d'une manière uniforme pour imiter le cierge à la cuiller; il décroche
ensuite le cierge, il le roule sur la table comme les
autres et les perce de la même manière.

Pour que la cire ne s'attache pas aux mains de l'ouvrier, il est obligé de les frotter de temps en temps
avec de l'huile bien limpide ou du saindoux; on en
frotte de même la table, la polissoire, la broche, les
moules qui servent pour les ornements et les cachets
ou marques de la manufacture, pour empêcher la cire
de s'attacher aux corps qui la touchent. Dans les manufactures on appelle ce travail *tirer* ou *filer un
cierge*. On peut fabriquer des cierges à la main depuis les plus petits jusqu'aux plus gros. On verra,
dans le chapitre suivant, les manipulations qu'exige
un *cierge pascal*, etc.

Section VI. — OBSERVATIONS GÉNÉRALES.

1° *Des mèches*. — On doit concevoir que, dans la
fabrication des cierges à la main, les mèches ont besoin d'une très-grande solidité, puisqu'elles doivent
supporter non-seulement le poids de la cire, qui est
considérable, mais encore les diverses manipulations
de leur fabrication, qui les fatiguent bien plus que
lorsqu'on les jette à la cuiller. Le fil de Cologne qu'on
y ajoute en plus ou moins grande quantité, selon leur
plus ou moins grande longueur, leur donne cette solidité désirable.

2° *Préparation de la cire*. — Il ne faut pas confondre la *cire écachée* avec la *cire corrompue;* ce sont deux préparations entièrement différentes. C'est avec la *cire écachée* qu'on prépare la *cire corrompue* de la manière suivante :

On prend des pains de cire écachée, on les met dans la chaudière qui a servi à préparer cette dernière, et sur laquelle on place son couvercle, et on la laisse dans l'eau chaude jusqu'à ce qu'elle soit réduite en bouillie épaisse. Alors on en retire 5 à 6 kilog. avec une écumoire, et on les verse sur une toile claire bien tendue par de petits clous sur une table percée d'une infinité de trous. L'eau que cette cire contient s'écoule par les trous à travers la toile. Lorsqu'elle est assez refroidie pour que l'ouvrier ne se brûle pas, il la pétrit avec les mains pour en faire sortir toute l'eau qu'elle peut avoir conservée ; il en forme des pains d'environ 1 kilog., qui prennent de la fermeté en se refroidissant. Cette cire est d'une blancheur éblouissante, elle ressemble à du fromage mou ; mais comme elle a perdu son *corps,* selon le langage des ouvriers, c'est-à-dire sa ductilité, on ne pourrait en faire directement aucun ouvrage. On conserve les pains à l'abri de la poussière, et on les mêle à la cire qu'on emploie pour jeter les cierges à la cuiller ; ils leur donnent plus de blancheur : ces pains ressemblent assez à de la craie.

Fabrication.— On peut faire, *à la main,* des cierges de toute espèce ; la cire offre plus de blancheur que celle des cierges à la cuiller ; elle a un œil plus mat, ce qui contribue à lui donner un blanc plus éclatant ; mais, comme nous l'avons fait observer, cette fabrication exige des précautions qu'il ne faut pas négliger.

Pour ne pas interrompre la description de la fabrication des cierges jetés à la cuiller, nous avons renvoyé ici celle de la *broche*, dont on se sert pour percer les cierges, quelle que soit la méthode de leur fabrication. Les *broches* que la figure 36, pl. 9, représente, sont faites en bois dur, et exécutées sur le tour; elles sont coniques, bien pointues, et leur longueur est proportionnée à la longueur et à la grosseur des cierges; elles ont un manche *b*, terminé par une boule *a*, afin de les tenir bien solidement. On doit être assorti d'une collection complète de ces broches, depuis 10 millim. de diamètre à la base du cône, jusqu'à 54 millim., et pour la longueur, autant de centimètres que leur diamètre a de millimètres, depuis la base jusqu'à la pointe du cône; ainsi, le plus petit ayant 1 cent. de diamètre, doit avoir 10 centimètres de long. On voit par là que la forme conique est très-allongée. Le buis sec est un bois excellent pour leur construction.

CHAPITRE IV.

DES DIFFÉRENTES ESPÈCES DE CIERGES ET DIVERS OBJETS EN CIRE.

Il n'y a que deux manières de fabriquer les cierges, soit en les jetant *à la cuiller*, soit en les *faisant à la main*, ainsi que nous l'avons expliqué dans le Chapitre précédent. Notre but n'est pas de décrire ici la manière de réunir plusieurs cierges ensemble pour en faire soit des flambeaux à plusieurs mèches, soit des cierges à plusieurs branches, soit des cierges à branches et à pied, etc. Tout cela ne constitue pas l'art du Cirier; ce sont des joujous qui résultent ou du caprice de la mode, ou de l'imagination de quelque amateur, et qui ne serviraient qu'à augmenter, sans aucune utilité réelle, l'étendue de ce volume.

Nous nous bornerons à décrire quelques particularités remarquables dans certains cierges ou flambeaux qui diffèrent de ceux que nous avons décrits, soit par leur usage ou par la manière dont ils sont composés. Tous ceux dont nous ne parlerons pas rentrent dans la classe de ceux dont nous avons donné la description, et qui ne diffèrent que par leur grosseur ou par leur longueur, ou par la nature de la mèche, soit qu'on la fasse tout en coton, soit qu'on y mélange du fil de Cologne ou de Guibrai, soit qu'on n'y emploie pas de coton.

ARTICLE Ier. — **Cierge pascal**.

Quoique la fabrication du cierge pascal se fasse à la main, comme nous l'avons décrit dans le Chapitre précédent, cependant la manipulation est un peu différente. Cette espèce de cierge est ordinairement gros, long et cylindrique; son poids considérable est hors de proportion avec la grosseur de la mèche; et il y aurait souvent de l'imprudence à la faire supporter par les deux crochets, et l'envelopper de cire sans aucun appui. Pour éviter tout danger, on étend la mèche sur la table, et on l'enveloppe de cire, de la même manière que nous l'avons indiqué pour les cierges à la main, jusqu'à ce qu'il soit de la grosseur convenable; alors on le roule, on le polit, et on le termine comme les autres cierges, lorsqu'il doit rester rond, et on le perce.

Mais, lorsqu'il doit être prismatique et à six faces, comme on l'exige quelquefois, on prend un couteau dont le tranchant est un peu arrondi, et en l'appuyant en ligne droite sur toute la longueur du cierge, on forme, dans la surface convexe, six pans égaux ; ensuite, à l'aide d'un *gravoir*, on trace deux *filets* sur les bords de chaque face, et dans toute la longueur du cierge.

L'ouvrier y applique les ornements qu'il juge convenables, selon son goût, et de la manière que nous l'avons indiqué plus haut.

Il ne s'agit plus que d'y placer les clous d'*encens*. Ces clous ont la forme de pyramides quadrangulaires, portant une petite queue au-dessous de la base de la pyramide : c'est par cette queue que les clous tiennent dans le cierge. Ces clous sont moulés avec de la cire dans laquelle on a mêlé de l'encens, ou du storax en poudre, ce qui donne une couleur grise foncée à la cire. On perce un trou au milieu d'une des faces du cierge, un au-dessus, un au-dessous et un de chaque côté du premier ; on enfonce les clous dans ces cinq trous. On dore ordinairement ces clous par le procédé que nous indiquerons plus bas.

Après qu'on a percé ce cierge et avant de retirer la broche, on enveloppe le bas du cierge de deux tours de ruban de fil ou de padou, imbibé de cire ; ce ruban fortifie beaucoup le pied du cierge, et empêche la cire d'éclater lorsqu'on place le cierge sur la broche du chandelier. Dans la vue de lui donner toute la solidité nécessaire, il est bon que la douille soit assez profonde pour que le cierge couvre entièrement le haut du chandelier, et que le bas du cierge repose sur la bobèche du chandelier, sans jeu ; alors c'est la bobèche qui en supporte tout le poids. On peint ordinairement ce ruban de padou avec de la cire dans laquelle on a mêlé du vermillon en poudre, comme nous l'indiquerons plus bas en parlant des ornements peints sur la cire. On rogne ce cierge comme les autres, à 1 ou 2 millimètres au-dessous du ruban.

ARTICLE II. — **Bougies de veille ou de nuit.**

On distingue trois sortes de *bougies de veille :* 1° celles qu'on nomme *veilleuses ;* 2° les *bougies en mortier ;* 3° les bougies qui *brûlent dans l'eau.*

Les veilleuses sont connues de tout le monde, et sont de petits bouts de bougie filée extrêmement petite, d'environ 1 centimètre de longueur, implantée dans une petite carte ronde, soutenue par une petite rondelle de liége mince. La carte et le liége se coupent à la fois avec un emporte-pièce de la grandeur environ d'une pièce de 50 cent. Les mèches se font de trois brins du plus beau fil de Cologne, avec la plus belle cire, et à la filière, comme la bougie filée. On la passe dans le plus petit trou, quelquefois dans deux. On la coupe par petits morceaux d'un centimètre de long, et on l'enfile dans le trou que l'emporte-pièce a pratiqué au milieu de la carte, qui, à l'aide du liége, est supportée au niveau de l'huile sur laquelle on la fait brûler.

Les bougies en mortier ont pris cette dénomination du moule dans lequel on les fabrique, qui ressemble à un petit mortier, fig. 37, pl. 9. Ces moules sont ordinairement en fer-blanc : nous en avons vu en verre, qui nous ont paru préférables. Ils ont la forme d'un cône tronqué, renversé. On en a une assez grande collection pour en mouler une certaine quantité à la fois, de différents diamètres, et de plusieurs hauteurs.

Les mèches sont partie en coton, partie en fil de Cologne, de la grosseur que le ciergier détermine, selon l'usage qu'on doit en faire. On file cette mèche comme la bougie (page 162) ; on la coupe, lorsqu'elle est bien froide, par bouts d'environ 1 centimètre plus long que la hauteur du moule. Cet expédient est nécessaire pour allumer facilement la mèche.

On range les moules sur la table, après les avoir frottés d'huile les uns après les autres, intérieurement, à l'aide d'un morceau de linge attaché au bout d'un petit bâton. On les remplit de cire fondue, et au moment où elle serait prête à se figer, on y introduit la mèche, qu'on place bien verticalement dans le milieu, en l'enfonçant jusqu'à ce qu'elle touche le fond du moule. Lorsque la cire est bien refroidie, on renverse le moule ; le mortier sort facilement ; on le laisse parfaitement refroidir sur la table, et ensuite on pose les bougies sur les toiles comme les autres cierges pour leur donner un dernier degré de blancheur.

Pour faire usage de ces mortiers, on les place dans un verre d'eau fraîche : la cire ayant une pesanteur spécifique moindre que l'eau, surnage ; on l'allume, et il brûle presque à la surface de l'eau, comme nous l'expliquerons dans l'article suivant. On les place dans les antichambres, dans les chapelles ardentes, etc.

ARTICLE III. — **Flambeaux.**

Nous ne parlerons pas ici des flambeaux dans lesquels il n'entre que de la cire, parce qu'on les fabrique de la même manière que les cierges ; qu'ils n'en diffèrent que par leur forme, et nous en avons assez dit pour que le lecteur intelligent n'ait pas besoin de plus grands détails. Il lui suffira de voir ces sortes de flambeaux pour concevoir comment on les fabrique.

1° *Flambeaux de Venise.* — Ces flambeaux servent dans les cours d'Allemagne et dans celles du Nord; on en faisait autrefois usage à Venise, dont ils ont conservé le nom.

Ils sont formés de quatre bougies cylindriques d'égale grosseur et longueur, soudées ensemble, d'abord deux à deux, et ensuite soudées toutes les quatre avec un soudoir ou fer à souder semblable à celui du plombier. C'est une tringle de fer d'environ 45 centimètres de long, ronde, épaisse, et pointue par un bout : c'est celui-ci qu'on fait chauffer; on l'essuie sur un linge mouillé, on rapproche les bougies; et en présentant la pointe entre deux, la cire se fond, et en se refroidissant les cierges sont soudés. On donne au bas du flambeau la forme d'un œuf, et on le termine à la main.

2° *Flambeaux à mèches de Guibrai.* — On prend du gros fil de Guibrai pour former les mèches, qu'on coupe d'une longueur convenable ; on forme le collet avec plusieurs doubles de fil blanc plié ; on les trempe dans un mélange de cire et de térébenthine, on les passe à la filière ; on les accroche au cerceau de la romaine, et l'on verse à la cuiller la cire fondue, comme on le pratique pour les cierges ; mais on leur donne seulement trois ou quatre jetées : alors on les roule, et on en soude quatre ensemble comme les flambeaux de Venise. On emploie pour ces flambeaux de la cire de médiocre qualité, souvent mêlée de résine, qu'on a retirée des flambeaux qui ont déjà servi.

Lorsque les mèches sont soudées, on les coupe d'égale longueur avec un couteau tranchant. On les accroche au cerceau de la balance, et on leur donne une ou deux jetées de cire blanche.

3° *Flambeaux de carrosse ou de poing.* — Nous avons dit (page 164) que les cordiers fabriquent les mèches de ces flambeaux avec des étoupes; on y ajoute seulement des collets en fil blanc de Guibrai. On prend quatre mèches, on les trempe dans une composition de galipot, de térébenthine, de poix et de mauvaise cire qu'on a retirée des mèches des flambeaux à demi brûlés; on les laisse bien imbiber, en évitant de salir le collet; on les suspend au cerceau, pour les laisser égoutter; on les redresse. Lorsqu'elles se sont raffermies, on les roule les unes après les autres sur la table mouillée; on les réunit quatre à quatre sur la table mouillée, on les soude avec le *souduir*, comme les flambeaux de Venise; ensuite on les rogne également par le bout auquel on donne la forme d'une œuf, et on les laisse bien refroidir; alors on les suspend au cerceau, et on leur donne deux ou trois jets de cire blanche.

4° *Flambeaux de Bruxelles.* — Ils n'ont qu'une seule mèche semblable à celle des flambeaux de poing; ils sont formés seulement de résine très-chaude et passés à la filière. On les recouvre de papier, qu'on colle dessus pour les blanchir.

Pour terminer les flambeaux que nous venons de décrire aux articles 1, 2 et 3, il est nécessaire de bien marquer les cannelures; pour cela, l'ouvrier se sert de plusieurs instruments dont il varie l'usage selon la grandeur de la cannelure : nous allons les décrire.

1° *Le gravoir.* — Il y en a de deux sortes, et sont construits en bois. Le gravoir *a*, fig. 37, pl. 9, a une seule pointe à chaque bout; le gravoir *b* a trois pointes séparées par deux arcs de cercle. Ils servent l'un et l'autre à former les cannelures des cierges et des flambeaux, et à les perfectionner.

2° *L'équarrissoir*, figure 38, est pareillement en bois; il est creusé en double gouttière; il a environ 10 centimètres de longueur; il est arrondi, dans sa longueur, sur la face opposée aux gouttières qui sont séparées par une languette tranchante. Les gouttières sont plus ou moins larges, selon la grosseur du cierge ou du flambeau. On doit en avoir un assortiment pour toutes les grosseurs.

ARTICLE IV. — **Souches.**

Les *souches* sont des cierges en fer-blanc, quelquefois en bois; mais ces derniers sont sujets à se déformer : le fer-blanc vaut mieux. Ils sont de deux sortes : les uns sont surmontés d'une pointe qui reçoit le bas d'un cierge de même grosseur; les autres reçoivent par le haut dans leur intérieur un tuyau de fer-blanc, lequel reçoit un bout de cierge qui repose sur un ressort à boudin : celui-ci élève la bougie à mesure qu'elle se consume.

On accroche les souches au cerceau, et on les couvre de cire de la même manière qu'on recouvre les mèches lorsqu'on fabrique les cierges. On les roule et on les termine de même.

ARTICLE V. — **Ornements qu'on place sur les cierges.**

Les ornements dont le cirier orne ses cierges sont de différentes espèces, et varient selon le goût de l'ouvrier, qui n'est pas toujours très-heureux. Nous ne nous attacherons qu'à décrire ceux qui produisent un effet agréable et qui présentent quelquefois des difficultés.

Section I. — PANS ET FILETS.

En décrivant la manière de fabriquer le cierge pascal (page 183), nous avons indiqué la manière de faire les pans : nous renvoyons à cet article ; nous nous étendrons davantage sur la manière de pousser les filets. L'ouvrier un peu habile, après avoir fait les pans, saisit de la main droite le gravoir pointu a, fig. 37, et, le dirigeant avec un de ses doigts de la même main contre l'angle du pan, il marque son filet aussi près qu'il le désire de l'angle opposé, et, promenant sa main tout le long du cierge, il trace un filet bien parallèle à cet angle, ce qui est important. Il faut être bien exercé et assez adroit pour ne pas faire des tremblés dans cette opération. Nous avons vu un habile cirier qui employait pour cette manipulation le petit trusquin à vis du mécanicien ; après avoir amené, par le moyen de la vis, la pointe de son trusquin à la distance convenable, il formait un ou plusieurs filets d'un seul coup, en conservant constamment le parallélisme entre eux sans aucune difficulté ; et l'ouvrier le plus maladroit réussissait parfaitement. Par ce moyen on fait les filets aussi profonds ou aussi légers qu'on le désire. Le même instrument, selon sa configuration, enlève la bavure, qui se forme toujours sur les bords, et laisse le cierge poli sur sa surface.

Section II. — CIERGES TORTILLÉS.

Les cierges cannelés ne produisent un effet agréable qu'autant que les cannelures sont également espacées, d'une profondeur et d'une forme égales. C'est ici que le trusquin est encore utile, mais il faut pour cela employer l'outil que nous avons imaginé, dont on se sert dans une grande manufacture, et que nous allons décrire.

Outil à canneler. — Une planche a, a, p, p (fig. 28, pl. 9) de 27 millim. d'épaisseur, et de 162 millim. environ de large, et de la longueur des plus longs cierges, bien corroyée et bien droite, porte vers une de ses extrémités une règle c, d, en bois dur, mobile sur une vis à bois c, qui lui sert de centre. Il est important que le côté o, c, soit bien droit, se dirige vers le centre c, et qu'il soit par conséquent un des rayons de la circonférence du cercle qu'on décrirait de ce point. Cette règle doit être aussi longue que la planche a, a, p, p. On doit pratiquer vers le bout de cette règle, une entaille longitudinale h, dans laquelle passe une vis en buis f, que l'on a figurée à côté, qui se taraude dans la planche inférieure. Cette vis, qui est à oreilles, se meut facilement avec la main, et lorsque son plateau s appuie sur la règle, elle la fixe au point convenable. La règle c, d, a 27 millim. d'épaisseur, et au moins 11 millim. de large. Dans la position où se trouve la règle sur la figure, le côté o, c, est parallèle au côté a, a, de la longue planche; cette disposition est supposée nécessaire pour achever la description de la machine.

De l'autre côté de la planche a, a, p, p, est fixé, par trois vis à bois r, r, r, un liteau m, m, d'environ 487 millimètres de long, et 3 centimètres d'épaisseur, plus large vers le point c que vers le point o; le côté intérieur g, g, doit être dans la direction du rayon g, g, c, c'est de rigueur; le côté extérieur, pour plus de régularité, doit être parallèle au rayon o, c, et au côté p, p, de la longue planche, qui doit être lui-même parallèle au même rayon o, c. On voit, par cette disposition, que si l'on approche la règle d, c, du liteau m, m, celui-ci touchera par tous ses points la règle, puisque ce sont deux rayons du même cercle qui se rapprochent. Cette construction bien entendue, voici l'usage qu'on fait de cet instrument.

On introduit un cierge entre la règle et le liteau, et on le serre légèrement entre ces deux pièces au moyen de la vis, mais de manière à ce qu'il ne puisse bouger. Avant de le placer, on a soin de diviser en six parties égales la circonférence convexe du cercle, à 10 ou 15 centimètres du bas du cierge, selon sa longueur; et en plaçant le cierge dans l'outil, on a soin de mettre un des points dans le plan le plus élevé. Alors, après avoir ajusté la pointe du trusquin sur ce point, tandis que le plan directeur concorde avec le côté p, p, de la longue planche, on promène le trusquin depuis le point marqué jusqu'au collet, et l'on fait avec la plus grande facilité et la plus grande régularité une cannelure. On dégage le cierge, on le tourne successivement sur tous les points; et les six cannelures qu'on est dans l'usage de faire sur ces sortes de cierges se trouvent faites dans un instant.

Il ne s'agit plus que de le tortiller, ce qui se fait de la manière suivante : on divise la longueur des cannelures en trois parties égales; on place la main droite au commencement des cannelures, et l'on serre; la main gauche, placée au premier tiers, serre de même, et fait tourner le cierge de gauche à droite sur son axe; la main droite étant fixe, les cannelures

s'inclinent en hélice de ce côté, on transporte les
deux mains plus haut, la droite où était la gauche,
et la gauche au second tiers, on tourne en sens contraire ; enfin, on prend de la gauche le cierge au-
dessous du collet ; la droite remplace la gauche ; on
tourne dans le premier sens et l'opération est terminée ; il ne reste plus qu'à le rouler légèrement sur la
table, seulement pour le redresser.

On voit qu'avec l'instrument que nous venons de
décrire, on peut faire toutes sortes de moulures sur
les cierges avec la plus grande facilité ; elles dépen-
dent seulement de la forme qu'on donne au fer du
trusquin.

Section III. — GRAVURES SUR LES CIERGES.

Les gravures que l'on pratique sur les cierges se
font après qu'ils sont terminés, et lorsque la cire n'est
pas encore raffermie. Ces gravures sont en bas-re-
liefs, et gravées en creux sur du bois ; c'est ordinairement le buis qu'on choisit, parce qu'il est plus
compacte et qu'il se polit mieux. Le graveur doit
faire attention de ne pas fouiller trop avant sous les
reliefs, afin que le moule se dégage bien et se sépare
facilement de la cire sans l'entraîner, ce qui produirait des irrégularités. Les cachets et les marques de
fabrique sont ordinairement en cuivre, mais toujours
gravés en creux avec le même soin.

Pour appliquer ces moules ou empreintes, il faut
que la cire ait le degré de mollesse convenable. Si
elle est trop raffermie, on présente un fer chaud au-
dessus de la place où l'on veut poser l'empreinte, et
on la ramollit, sans la toucher, au degré désiré. On
appuie l'empreinte frottée d'huile, assez fortement

pour que toutes les parties du dessin ressortent bien, mais pas assez pour déformer le cierge.

J'ai vu des ornements de cette nature posés avec beaucoup d'adresse, à la surface du cierge, en bas-relief saillant : c'était un trait d'histoire placé à l'extérieur en hélice, comme sur la colonne de la place Vendôme. Les divers sujets étaient gravés sur plusieurs plaques de bois différentes, qui faisaient suite l'une à l'autre. Voici comment l'ouvrier s'y prenait pour mouler ces divers sujets :

Il fait fondre ensemble trois parties de belle cire, et une partie de poix grasse; lorsque le tout est bien mêlé, il retire le vase du feu, le place sur des cendres chaudes pour entretenir la fluidité de la masse, pendant que la liqueur dépose. Lorsque le dépôt est formé, il décante en versant le clair dans un autre vase. Il expose ce vase sur de la braise très-peu ardente, afin de rendre la cire bien fluide, et pendant qu'elle est chaude il y plonge en entier une petite planche mince de la grandeur du moule, et bien imbibée d'eau froide. Cette planche se couvre des deux côtés d'une couche mince de cire; il l'enlève de suite, et la plonge aussitôt dans un plat rempli d'eau fraîche. La cire se détache en une plaque très-mince, mais assez épaisse pour remplir le creux du moule. Il frotte légèrement celui-ci d'huile, le pose sur la plaque de cire qu'il a placée sur la table mouillée, presse fortement, avec la main; le moule se trouve entièrement rempli. Alors, avec une lame de couteau d'ivoire, dont le tranchant émoussé est bien droit, il enlève toute la cire qui dépasse les bords du moule, et en frappant quelques coups sur le manche de ce moule, l'empreinte se détache et sort parfaitement nette.

Pour l'appliquer sur le cierge, il chauffe légèrement la place avec un fer chaud qu'il promène au-dessus à une distance de deux à trois centimètres, et applique l'ornement dans la direction convenable pour qu'il s'ajuste avec le second. Cette cire prend sur-le-champ; on peut appuyer dessus avec un linge très-fin et bien mouillé. On applique de même et successivement tous les dessins. Cette cire, un peu plus jaune que celle du cierge, se détache très-bien, et produit un effet agréable.

On obtient le même effet avec de la cire blanche corrompue (voyez page 184), avant qu'elle ne soit entièrement raffermie.

Section IV. — DORURE SUR LA CIRE.

On dore quelquefois les cierges jusqu'à une certaine hauteur, en appliquant des feuilles d'or sur la cire avant qu'elle ne soit entièrement refroidie, et pendant qu'elle happe encore, en appuyant sur les feuilles avec une petite boule de coton cardé et non filé.

Quelques ciriers sont dans l'usage de dorer leurs marques de fabrique, ou même d'autres ornements; voici comment ils opèrent :

Ils font des lames minces de cire, comme nous l'avons indiqué dans l'article précédent (page 194); ils l'amincissent encore beaucoup, en se servant du rouleau du pâtissier, mouillé, sur la table pareillement mouillée; ils en coupent des morceaux de la grandeur de l'empreinte; ils posent dessus une feuille d'or qui s'y fixe parfaitement en appuyant la paume de la main dessus; ensuite, après avoir mouillé le cachet ou l'empreinte, ils le posent sur l'or, en appuyant un peu; ils détachent tout ce qui excède, et

portent cette empreinte sur la place où ils veulen
qu'elle reste. Si la cire est un peu ramollie à ce poin
en appuyant un peu avec le cachet, la cire dorée s
colle avec le cierge; elle quitte le moule, et l'em
preinte se trouve dorée.

On voit que toutes ces manipulations sont peu d
chose quand on les connait, et paraissent souven
présenter de grandes difficultés lorsqu'on n'en a au
cune connaissance.

Section V. — ORNEMENTS EN COULEUR SUR LES CIERGES.

On orne quelquefois les cierges avec de la cire d
différentes couleurs. Il y a deux manières de produir
ces ornements : 1° en employant une seule couleur
par exemple pour teindre le bas des cierges jusqu'ì
une hauteur de 3 ou 4 centimètres. Pour cela or
fait fondre dans un petit vase de la cire que l'on à
colorée comme nous le dirons dans un instant, e
lorsqu'elle est suffisamment chaude, on y trempe l
bout du cierge et on le retire de suite. Le cierge em-
porte avec lui une légère couche de cette cire colorée
qu'on laisse bien refroidir. Si le vase n'en contien
que la hauteur de 3 ou 4 centimètres, on plonge le
cierge jusqu'au fond, ou bien on le plonge jusqu'à
la marque qu'on a faite.

Les couleurs dont on se sert pour colorer la cire,
sont :

Le vermillon ou l'orcanette pour le rouge; l'indigo
pour le bleu; la *terra merita* pour le jaune foncé; la
gomme-gutte pour le jaune citron; un mélange de
terra merita ou de gomme-gutte et d'indigo pour le
vert, selon la nuance qu'on désire; ou encore du

vert de gris, ou du vert de vessie, pour avoir d'autres verts; on emploie aussi le blanc de plomb pour donner plus de blancheur à la cire.

2° Lorsqu'on veut peindre artistement des sujets sur les cierges, on fait dissoudre de la belle cire pure dans de l'essence de térébenthine, on colore cette composition avec les couleurs qu'on emploie pour la miniature, et l'on s'en sert avec le pinceau, de la même manière que pour peindre un sujet à l'huile. Cette sorte de peinture conserve un velouté admirable; mais il faut, pour l'exécuter, un artiste distingué.

M. Bourdon-Quesnay a proposé, en 1848, d'imprimer sur les cierges et les bougies, des dessins gravés en relief ou en creux sur des planches.

On a également essayé de les orner par des décalcages et des peintures à la main en détrempe ou à la cire, mais ce genre d'ornementation, à raison du prix élevé du travail, s'est peu répandu.

CHAPITRE V.

COMMENT LE CIRIER DISPOSE SES DIVERS OUVRAGES AVANT DE LES LIVRER A LA CONSOMMATION.

Nous suivrons, dans ce paragraphe, le même ordre que nous avons adopté en décrivant la fabrication. On pourra considérer ce que nous avons à dire comme le supplément à quelques articles que nous avons traités dans le Chapitre III, quant à la fabrication seulement.

ARTICLE Ier. — **Mèches.**

Quelques ciriers ont pensé qu'il était utile de tremper les mèches dans l'alcool avant de les employer pour les bougies ou pour les cierges; c'est une erreur qu'il est bon de signaler. L'alcool est une substance trop volatile pour être d'aucune utilité pour cet usage. A peine la mèche est-elle sèche que l'alcool s'est évaporé et que la mèche revient au même état où elle était avant d'en être imprégnée.

D'autres ont prétendu qu'il fallait les imprégner d'essence de térébenthine; cette huile volatile ne pourrait être utile que pour donner à la mèche la faculté de s'allumer promptement dès l'instant qu'on en approche un corps enflammé; mais il faut pour cela que l'essence ne soit pas desséchée, et, dans ce cas, elle donne, en brûlant, une fumée épaisse et de mauvaise odeur. Cette huile essentielle se dessèche assez promptement, et alors elle a perdu sa propriété inflammable. C'est par conséquent ici une double erreur qu'il faut éviter.

On doit donc s'en tenir au beau coton, bien fin, bien uni, et le conserver dans un état de grande sécheresse, sans lui faire subir aucune préparation. On est dans l'usage de cirer des mèches plates pour l'usage des réverbères et de certaines lampes de cabinet ou de travail. Ces mèches sont tissées, la chaîne est en beau fil de Cologne, la trame en beau coton; on en trouve de plusieurs largeurs différentes. Elles se fabriquent de la même manière que la bougie filée; la seule différence consiste 1° en ce que le crochet qui est placé dans le perçau est plat par-dessous, au lieu d'être rond, afin que la mèche conserve sa forme et ne s'arrondisse pas ; 2° en ce que les trous de la filière sont oblongs et de la largeur de la mèche.

Nous avons vu chez un habile cirier un petit laminoir dont les cylindres sont en bois, et entre lesquels on la fait passer avant qu'elle ne s'enroule sur le tambour.

ARTICLE II. — Bougies de table ou d'appartement.

On fabrique depuis quelques années des bougies diaphanes qui flattent infiniment la vue ; elles sont faites avec le blanc de baleine, auquel on allie une plus ou moins grande quantité de belle cire blanche ; on fait fondre à très-petit feu, et fort lentement, le blanc de baleine dans une bassine de cuivre bien étamée ; on ajoute la cire peu à peu, en remuant continuellement avec une spatule, et l'on coule dans des moules de verre. On allie au blanc de baleine jusqu'à partie égale de cire ; plus on en met, moins la bougie est diaphane. Ces bougies de blanc de baleine ne sont pas d'une durée aussi grande que celles dans lesquelles il n'entre que de la belle cire ; le blanc de baleine fond à une température de 44° centigrades, beaucoup plus basse que celle nécessaire pour fondre la cire ; par conséquent son usage n'est pas aussi économique. On teint souvent les bougies diaphanes en plusieurs couleurs, en rose, en jaune de diverses nuances, en bleu céleste, en vert. Pour les roses, on teint la cire avec le carmin, ou avec le bois de Brésil et l'alun ; mais le carmin est le plus beau ; quoique cette couleur soit très-chère, elle foisonne beaucoup. Les jaunes se font avec la gomme-gutte, les bleues avec l'indigo, les vertes avec un mélange de jaune et de bleu.

On parfume aussi ces bougies avec des essences ; alors, en brûlant, elles répandent une odeur agréable dans les appartements.

On a reproduit, dans ces dernières années, un procédé connu depuis longtemps ; il consiste à introduire, dans la fabrication des bougies, une certaine quantité de marrons d'Inde qu'on allie à la cire. Voici ce procédé tel qu'on nous l'a communiqué ; nous le donnons sans le garantir, n'ayant pu faire aucune expérience pour en constater l'exactitude. Nous le consignons dans ce Manuel, afin de mettre sur la voie les manufacturiers qui voudront faire quelques essais.

On prend deux parties de marrons d'Inde bien épluchés, une partie d'huile d'olive, trois parties de blanc de baleine et six parties de belle cire bien blanche ; on pile fortement les marrons, en ajoutant l'huile petit à petit jusqu'à ce qu'on en ait fait une pâte assez épaisse ; on entoure le mortier de braise, et l'on y ajoute petit à petit le blanc de baleine, en remuant continuellement pour bien mélanger ces substances, et entretenant une douce chaleur qui tient le blanc de baleine en fusion. Lorsque le tout est bien mélangé, on le verse petit à petit dans la chaudière qui tient la cire en liquéfaction, en agitant continuellement pour bien mélanger ces substances. Alors on coule dans des moules de verre.

On fabrique aussi des bougies, par le même procédé que nous avons décrit dans l'*Art du Chandelier* (voyez p. 34), à mèches fixes ou à mèches mobiles. On a imaginé des chandeliers particuliers pour consumer ces sortes de chandelles et bougies ; il ne sera pas hors de propos d'en faire connaître la construction.

Quelle que soit la manipulation qu'on a employée

pour fabriquer la bougie de table ou d'appartement, avant qu'elle ne soit totalement raffermie, on la met le poids selon sa qualité. La bougie se vend par paquet d'une livre ou demi-kilogramme, comme la chandelle; il y en a de quatre, de cinq, de six, etc., à la livre. Supposons que l'ouvrier opère sur celles de quatre, il en prend un pareil nombre, il les pèse, les arrange sur la table l'une à côté de l'autre, les collets sur une même ligne droite : il place à côté la mesure, elles l'excèdent presque toujours; alors il pose la main gauche à plat sur toutes les bougies à la fois, afin de les faire rouler sur elles-mêmes sur la table, et avec le couteau à rogner il enlève tout ce qu'il juge excéder le poids. L'habitude fait qu'il se trompe rarement; il les pèse de nouveau et rectifie, si cela est nécessaire, car il pèche toujours par excès plutôt que par défaut.

Cette opération faite, on les étend sur des feuilles de papier blanc, sur une planche, pour les faire bien sécher et refroidir avant de les empaqueter.

Les bougies moulées ou celles à la cuiller qui ont été passées à la filière sont à très-peu près toutes du même poids lorsqu'elles ont été rognées à la même longueur, et ne présentent aucune difficulté pour former les paquets d'une livre ; mais les bougies à la cuiller n'offrent pas la même régularité, et pour celles-ci il faut plus de précautions. On suit le même procédé pour les unes et pour les autres; le seul avantage, c'est qu'on va plus vite pour les bougies moulées que pour les autres. Voici comment on opère :

Cinq ouvriers sont assis l'un à côté de l'autre devant une longue table couverte d'une toile bien pro-

pre. Le premier a sur sa droite une manne remp[li]
de bougies d'une même espèce (supposons toujo[urs]
que ce soit de quatre au demi-kilogramme); il
prend l'une après l'autre, et les frotte avec une s[er]-
viette bien douce, mais qui n'est pas neuve, afin d[e]
ôter toute l'humidité, et les place une à une sur [sa]
gauche.

Lorsqu'il y en a quatre, le second ouvrier les pre[nd]
ensemble, les pèse dans la balance qu'il a devant l[ui]
et les *alivre*, c'est-à-dire qu'il examine si elles pès[ent]
un demi-kilogramme.

Si le poids est trop fort, il enlève celle qui lui p[a]-
raît plus grosse, et en substitue une plus mince qu[il]
prend parmi celles que le premier ouvrier a essuyé[es.]
Il fait le contraire si le poids est trop faible; lorsq[ue]
le poids est juste, il les retire de la balance et les m[et]
à sa gauche.

Le troisième ouvrier les prend une à une, les frot[te]
avec une serviette semblable à celle dont se sert [le]
premier ouvrier, afin d'enlever les plus petites sal[e]-
tés qui pourraient y être attachées, et les pose sur [sa]
gauche.

Le quatrième ouvrier les *met en bandes*, c'est-[à-]
dire qu'il les réunit toutes les quatre, pour former [le]
demi-kilogramme, et les entoure à chaque bout d'u[ne]
bande de papier blanc de 3 ou 4 centimètres de larg[e,]
et par dessus d'une bande de papier bleu de mêm[e]
largeur. Il les arrête ensuite par quelques tours de [fil]
de coton. Le papier bleu fait ressortir la blancheur d[e]
la cire; les bandes de papier dont on enveloppe l[es]
deux bouts de chaque paquet sont nécessaires pou[r]
les fixer et les empêcher de glisser les unes contr[e]
les autres dans le transport, ce qui les gâterait.

Le cinquième ouvrier enveloppe ce paquet ainsi préparé dans une feuille de papier gris ou bleu bien collé, et le lie avec de la ficelle; le papier non collé ne vaut rien pour envelopper la bougie; le petit velu qui est à sa surface s'attache à la bougie, et la fait couler lorsqu'elle brûle.

ARTICLE III. — **Bougie filée.**

La bougie filée se fabrique toute de la même manière; on lui donne des noms différents selon sa grosseur, la substance dont elle est formée, ou l'usage qu'on en fait. Ainsi nous nous bornerons, dans cet ouvrage, à faire connaître leur différence.

Bougies de Saint-Côme. — C'étaient celles dont les chirurgiens se servaient jadis pour les éclairer dans leurs opérations; elles étaient faites avec la plus belle cire, les mèches en étaient grosses, et la bougie elle-même était la plus grosse des bougies filées : elles étaient pliées en rond comme les paquets de cerceaux, deux rangs l'un sur l'autre.

Bougies de religieuse. — Ce sont les bougies que l'on met dans les lanternes portatives qui servent à éclairer pour monter et descendre les escaliers; elles sont pliées de différentes manières.

Rats de cave. — Leur mèche est grosse, en gros fil de Guibrai. On les passe d'abord dans de la térébenthine commune, ensuite on les couvre de cire blanche ou jaune, on les passe comme les autres à la filière. La térébenthine empêche qu'elles ne s'éteignent facilement.

Bougies à lampions. — Ce ne sont absolument que des mèches plus ou moins grosses que l'on vend par petits bouts pour placer au milieu des lampions. Il y en a de différentes grosseurs; elles se font avec du gros fil de Guibrai, et se fabriquent comme la bougie filée. Pour qu'elles soient fermes, on les passe dans un trou de filière, où elles entrent juste; on les charge de peu de cire.

La manière dont on plie les bougies filées leur fait donner des noms différents selon la forme que le petit paquet affecte. Nous croyons inutile d'en faire la nomenclature; nous nous bornerons à faire connaître la manière de les plier par paquets de 62, 125, 250, 500 grammes.

Si l'on attendait que la cire fût entièrement raffermie, il serait impossible de la ployer sans la casser; il faut donc la prendre dans l'état de moiteur qu'elle conserve pendant quelque temps après que la bougie a été fabriquée; on la ramène au degré convenable en la plaçant pendant un temps suffisant dans une étuve légèrement échauffée.

Alors on dévide la bougie filée sur deux cylindres de bois tournés, d'environ 55 millimètres de diamètres, et 325 millimètres de hauteur, fixés verticalement sur une table, à une distance déterminée par des expériences, pour qu'un tour entier pèse 125 gram. On enveloppe la bougie sur ces deux cylindres de la même manière qu'on s'y prendrait pour former un écheveau de fil l'un sur l'autre. Lorsqu'on est arrivé au haut des cylindres, on coupe avec un couteau tous ces contours, et l'on a des morceaux qui pèsent 125 gram. à très peu près. En coupant chacun d'eux par le milieu, on a des bouts du poids de 62 gram. En coupant de deux en deux tours, on a des bouts de 250 gram. On en fait rarement de plus forts.

Il ne s'agit ensuite que de plier ces bouts de bougie, de manière à en rendre l'usage commode. Les plus courts, ceux de 62 gram., sont ordinairement pliés sur une longueur de 8 centimètres environ; on en plie un second bout à côté du premier, on tourne autour du bout, on enveloppe les deux bouts, toujours sur le même plan, de sorte qu'on a une forme oblongue, arrondie par les deux bouts et un seul rang de bougies.

Ceux de 125 gram. se plient de deux manières : 1° sur un carton de 5 cent. de long sur 3 cent. environ de large. On entoure ce carton de bougies sur sa largeur d'un bout à l'autre, ensuite on l'environne sur sa longueur, en croisant sur les premiers bouts, et toute la bougie doit être employée; 2° on les ploie en rond comme ceux de 250 gram. dont nous allons parler.

Ceux de 250 gr. se ploient cylindriquement sur un cylindre d'environ 6 centimètres de diamètre. Un verre cylindrique peut servir à cet usage. On contourne tout autour sur la table en s'élevant en hélice, jusqu'à ce qu'on ait employé un peu moins de la moitié de la longueur; on descend par une autre hélice qu'on place sur la première, ce qui forme deux cylindres concentriques.

Ce sont les formes sous lesquelles on plie la bougie filée le plus ordinairement; mais rien ne s'oppose à ce qu'on adopte d'autres formes. Lorsqu'elle est mise ainsi en petites masses faciles à porter dans la poche, on les enveloppe de papier gris et bien collé, on les ficelle et on les enferme dans des armoires. Les bouts de bougie qui restent et qui sont trop courts pour former des paquets tels que nous venons de les indi-

quer, se coupent par longueur de 6 à 8 centimètres;
on enlève un peu de cire par un bout pour former
le lumignon; on les met en paquets de 125 gram.,
et on les vend en détail pour mettre dans les lanternes; ils sont tous coupés de longueur.

ARTICLE IV. — **Cierges.**

Tous les cierges qui dépassent le poids d'un demi-
kilogramme sont pliés séparément, toujours dans du
papier gris bien collé, par les raisons que nous avons
données (article III, p. 201) en parlant de la manière
d'empaqueter la bougie de table; ensuite on les
réunit par six, en les assemblant tête et queue; on
en fait des paquets d'une grosseur uniforme par les
deux bouts, ce qui donne plus de facilité soit pour
les arranger dans les armoires, soit pour les expé-
dier.

Les cierges d'un demi-kilogramme et au-dessous
sont pliés de six en six comme la bougie de table, en
les arrangeant tête et queue. On les environne de
même de deux bandes de papier bleu, par les deux
bouts et au milieu de leur longueur, liées avec une
ficelle. Le tout est ensuite plié dans du papier bien
collé (voyez page 202).

ARTICLE V. — **Flambeaux.**

Comme les flambeaux sont d'une grande dimension, on les plie séparément dans des papiers gris bien
collés.

ARTICLE VI. — **Observations générales.**

Tous les paquets, de quelque espèce qu'ils soient,
sont liés avec de la ficelle, afin qu'ils ne se déran-

gent pas; ils sont ensuite enfermés de manière à les soustraire à la poussière.

On ne doit jamais former les paquets que la cire ne soit tout-à-fait raffermie; jusqu'à ce moment on laisse les cierges, les flambeaux, la bougie de table, suspendus par leur collet à des crochets isolés, afin que l'air circule bien tout autour pour refroidir la cire et la raffermir dans le moins de temps possible.

Chaque manufacturier a sa manière particulière de plier et de former ses paquets. Nous avons indiqué celle qui est la meilleure, et qu'on pratique le plus généralement. Les uns collent, sur les paquets, un papier imprimé qui indique leur adresse; les autres n'en mettent pas.

CHAPITRE VI.

MOYENS DE RECONNAITRE LA BONNE OU LA MAUVAISE QUALITÉ DE LA CIRE BRUTE OU FABRIQUÉE.

La cire brute est jaune, ainsi que nous l'avons fait observer. Lorsqu'elle est blanchie, elle est transparente comme de la porcelaine d'un blanc clair ou bleuâtre. Qu'elle soit brute ou qu'elle soit blanchie, elle doit toujours présenter les mêmes qualités.

1° Quand on la mâche, elle ne doit laisser l'impression d'aucun mauvais goût, et ne doit pas s'attacher aux dents.

Lorsqu'on mâche des cires alliées, on découvre facilement le genre d'alliage, le goût de la graisse se manifeste parfaitement à celui qui a le palais délicat. Lorsqu'elle s'attache aux dents, on peut en conclure qu'elle est alliée de résine.

2° Un moyen facile de connaître si la cire est alliée de graisse, consiste à la faire fondre, et dans cet état de liquidité en faire tomber quelques gouttes sur une étoffe de laine, du drap, par exemple. Lorsque la cire est entièrement figée et refroidie, on verse dessus quelques gouttes d'alcool à 33°, on froisse l'étoffe entre les mains, la cire se réduit en poussière, et se sépare de l'étoffe avec facilité : lorsqu'elle n'est alliée avec aucun corps gras, elle ne laisse aucune tache sur l'étoffe, mais celle-ci reste plus ou moins tachée lorsqu'elle est alliée à de la graisse.

3° On doit aussi rompre les cierges, et surtout les bougies à la cuiller, pour s'assurer que la cire est dans l'intérieur de la même qualité que la couche qui les recouvre; car c'est là une des fraudes que les mauvais ciriers exercent assez ordinairement.

4° Nous avons assez souvent fait observer, toutes les fois que nous avons parlé des mèches, qu'on doit employer le plus beau coton, le plus également filé, et rejeter celui qui présenterait de petits boutons ou des irrégularités de cette nature, ou des saletés qui, se charbonnant au lieu de se réduire en cendre, forment un champignon qui fait couler la bougie.

Il faut aussi que la grosseur de la mèche soit proportionnée à la grosseur de la bougie : nous l'avons fait observer. Lorsque la mèche se trouve en proportion avec la bougie, on l'aperçoit facilement lorsque la bougie brûle : le godet qui se forme au pied de la mèche ne doit renfermer que très-peu de cire fondue, elle doit être presque toute absorbée par la mèche. On peut s'assurer de la qualité du coton en examinant le bout qui dépasse la bougie, qui sert à l'allumer, et qui se nomme le *lumignon*. Alors on

peut constater les soins ou la négligence du fabricant.

Mais en supposant que la fabrication ait été conduite avec tous les soins qu'exige cet art, il est des cas
où les bougies les mieux fabriquées coulent par des
causes étrangères à leur fabrication, et dont le manufacturier ne peut pas répondre. Il est important
de les signaler, afin d'éviter aux bons ciriers des re-
proches qu'ils ne méritent pas. Nous allons les faire
connaître.

1° Lorsqu'on regarde avec attention une bougie
qui brûle, on s'aperçoit que lorsque la mèche a acquis
une assez grande longueur, elle s'incline par le bout,
et tend à sortir du foyer; ce bout se réduit en cendres, que la moindre agitation de l'air ambiant em-
porte; il est essentiel que cette cendre ne tombe pas
dans le godet. Alors la bougie bien fabriquée ne
coule pas.

2° Si cette cendre tombe dans le godet, elle s'y
imbibe de cire fondue, elle est ensuite entraînée au
pied de la mèche et élevée avec elle pendant la combustion, elle s'y échauffe et rougit dans la mèche,
forme un grand foyer de chaleur, et la bougie coule.

3° Si la chambre dans laquelle la bougie brûle
est petite, bien calfeutrée, qu'elle y brûle seule, cet
inconvénient y a presque toujours lieu, ce qui n'arrive pas ordinairement lorsque plusieurs bougies brûlent dans le même appartement, parce que l'air qui
se précipite continuellement dans le foyer pour y
entretenir la combustion, forme un courant suffisant
pour emporter la cendre.

4° Il faut avoir la plus grande attention de ne pas
trop approcher les bougies du foyer d'une cheminée,

parce que la chaleur qui en émane la frappant du côté qui l'avoisine, la ramollit et la fait brûler plus rapidement de ce côté que de l'autre.

Tous ces inconvénients ne peuvent pas, sans injustice, être attribués au cirier, et les bougies les mieux fabriquées y sont sujettes. La bonne bougie ne doit pas être mouchée; mais cependant, si par quelqu'un des accidents que nous avons signalés ou d'autres qui peuvent survenir, il se formait un champignon au bout du lumignon, il faudrait l'enlever avec la mouchette, proprement, et n'enlever que lui; il peut provenir de quelque ordure que l'air agité aura transportée, et qui se sera attachée à la mèche.

Il y a des précautions à prendre lorsqu'on éteint les bougies pour qu'elles ne coulent pas quand on les rallume. Il vaut mieux les éteindre en les soufflant, que de se servir d'un éteignoir : le souffle chasse la cendre et la porte au loin; l'éteignoir, au contraire, la fait tomber dans le godet et fait couler la bougie quand on la rallume. Il est bon d'éteindre le feu qui reste quelquefois au bout du lumignon après qu'on l'a soufflé, en le touchant légèrement avec un morceau de cire. On doit, dans ce cas, éviter d'enlever le feu avec la mouchette, parce qu'on raccourcit trop le lumignon, qu'on rallumerait la bougie avec peine et qu'elle coulerait.

Un courant d'air trop rapide dans lequel se trouve une bougie allumée, la fait infailliblement couler.

On voit que tous ces inconvénients ne peuvent être imputés au cirier, et que c'est à chacun à chercher les moyens de les éviter.

CHAPITRE VII.

BOUGIES DE CIRES VÉGÉTALES.

Avant de décrire la fabrication de ces sortes de bougies, il est à propos d'entrer dans quelques détails sur les deux principales matières qui paraissent les plus propres à remplacer la cire des abeilles, c'est-à-dire de la cire du *Myrica cerifera* dite cire carnauba, et de la cire du Japon. Commençons par la première, en prenant pour guide M. G.-E. Moore qui a fait un examen chimique de cette cire.

Les fruits du *Myrica cerifera*, lorsqu'on les fait bouillir avec de l'eau, en ayant soin en même temps de les écraser lorsqu'ils se sont ramollis, abandonnent environ un quart de leur poids d'une matière cireuse fondue qui vient surnager. On enlève cette dernière au fur et à mesure au moyen d'une poche en fer, et on la filtre encore toute chaude et liquide à travers une toile grossière, qui retient les impuretés solides. La cire s'étant figée, on la refond enfin une seconde fois, on la coule dans des moules où elle se prend en masse solide, qui est livrée au commerce sous le nom de cire de myrte, cire des baies à bougies (*Myrtle-wax, Candleberry-wax, Bayberry Tallow*), ou cire végétale.

Cette cire a été examinée successivement par MM. John, Cadet, Bostock et Lewy. Ce dernier, en en faisant l'analyse élémentaire, lui a trouvé la composition suivante :

Carbone.	74 00
Hydrogène..	12.00
Oxygène..	14.00
	100.00

La cire de myrte a été également examinée par M. Chevreul; d'après ce chimiste, elle est complétement saponifiée par les alcalis caustiques, et fournit, outre de la glycérine, les acides stéarique, margarique et oléique. Il est probable que M. Chevreul a dû opérer sur un échantillon entièrement falsifié, puisque M. Moore est arrivé à des résultats notablement différents.

Ce chimiste a commencé par s'assurer de la pureté de la matière sur laquelle il a opéré, en la comparant à de la cire d'origine authentique.

La cire du myrte du commerce présente des nuances variables passant du gris jaunâtre ou vert foncé. Cette dernière coloration est due à de la chlorophylle. L'odeur balsamique et légèrement aromatique est bien plus sensible dans la cire de couleur foncée.

La densité est de 1,004 à 1,006, et le point de fusion de 47 à 49° centigrades.

La dureté et la friabilité sont supérieures à celles de la cire d'abeilles.

100 parties d'alcool bouillant dissolvent 5 parties de cire, dont 4 parties se déposent de nouveau par le refroidissement. L'alcool ne peut dissoudre que les 4/5es de la cire, 1/5^c reste à peu près insoluble dans ce véhicule.

L'éther peut dissoudre 25 %, et l'essence de térébenthine 6 % de son poids de cire.

Avec une solution de potasse caustique, la cire se saponifie très-facilement, donnant un beau savon dans l'eau, et dont les acides gras, mis en liberté par l'acide sulfurique, ont le point de fusion à 61° centigrades, et sont complétement solubles dans l'eau. Il résulte des expériences faites avec le plus grand soin,

et en suivant la méthode des précipitations fractionnées, que la cire du *Myrica* renferme environ 1/5ᵉ de
palmitine, 4/5ᵉˢ d'acide palmitique libre, mélangés
à une petite quantité d'acide laurique.

L'acide palmitique $C^{32}H^{32}O^4$ fondait à 62° centigrades ; l'acide laurique $C^{24}H^{24}O^4$ à 43° C.

La cire du *Myrica* constitue sans contredit la matière première la plus favorable pour la préparation
de l'acide palmitique pur. Comme succédané de la
cire d'abeilles, elle mérite toute l'attention des fabricants. Son pouvoir éclairant est au moins égal à
celui de la meilleure cire ; elle se laisse couler facilement dans des moules ; on parvient à la blanchir
sans difficulté, et son prix s'élève à peine au quart
de celui de la cire d'abeilles.

La cire du *Myrica* trouve une application très-utile
en s'en servant pour donner plus de dureté et moins
de fusibilité aux bougies de paraffine, stéariques et
autres.

Voyons maintenant quelles sont les propriétés de
la cire du Japon.

L'arbre ou arbuste dont on extrait la matière butyreuse ou grasse formant cette cire appartient, suivant le *China Telegraph*, à la famille des *Anacardia-
cées*, dont les genres sont nombreux et variés. Plusieurs sont vénéneux, et quelques-uns néanmoins
donnent des produits d'une valeur commerciale importante. Tels sont le *sumac* (*Rhus coriara* et *cotinus*),
le *Rhus radicans* et le *Rhus toxicodendron*, variétés
de l'Amérique septentrionale. L'espèce dite *Rhus succedanea* est celle qui fournit la cire japonaise ; im-
portée de la Chine, il y a près d'un siècle, elle existe
depuis longtemps dans nos serres. La cire qu'on ob-

tient est de qualité moyenne entre la cire d'abeille et
le suif végétal ordinaire, tel que celui de Bornéo, celui de coco, etc. Malgré certains caractères différen-
tiels, plusieurs de ces variétés de cire possèdent les
propriétés essentielles de celle que fournissent les
abeilles; on sait que dans le principe on supposait
que ces insectes ne faisaient qu'amasser simplement
les produits ciriers de certains végétaux, lorsque les
expériences de Huber, de Genève, sont venues démontrer qu'ils sécrétaient au contraire la cire comme
produit de la transformation du sucre qu'ils avaient
le pouvoir d'opérer.

La cire japonaise est plus douce, plus onctueuse et
plus cassante que la cire d'abeilles; elle se laisse facilement pétrir et fond à une température de 40 à 42
degrés. Elle contient deux fois autant d'oxygène que
celle-ci et a une composition différente. La fabrique
de chandelles et bougies de Price en fait usage depuis longtemps, et il serait à désirer que le prix de
cette matière subisse une réduction pour qu'elle
puisse entrer plus largement dans la consommation.

Suivant M. Brodie, la cire du Japon consiste principalement en cérotate d'éther cérotique $C^{54}H^{55}O$,
$C^{54}H^{58}O^3$, car par la saponification on obtient l'a-
cide cérotique $C^{54}H^{54}O^4$ et la cérotine (alcool)
$C^{54}H^{56}O^2$.

Suivant MM. W. de la Rue et H. Muller, la substance que le commerce importe en Europe sous le
nom de cire du Japon et les autres matières cireuses
d'origine végétale consistent en différentes substances qui, à raison de leurs degrés divers de solubilité
dans certaines menstrues, peuvent être séparées les
unes des autres sans qu'il soit nécessaire d'en opérer

la décomposition partielle par la saponification, la distillation ou autres moyens communément employés pour rendre ces matières cireuses applicables à la fabrication des bougies ou au graissage des machines.

La cire du Japon qui arrive généralement en pains de grosseurs variables a une couleur blanc jaunâtre et ressemble à la cire d'abeilles blanchie ; seulement elle est plus cassante que celle-ci aux températures ordinaires, et cependant devient plus molle et plus adhérente quand on la pétrit entre les doigts.

Cette cire consiste en une substance grasse concrète, dure et incolore, une substance grasse, douce, semi-fluide et une petite proportion d'un corps résineux. Il n'y a pas de conditions de température qui permettent de séparer ces éléments entre eux par voie de pression mécanique.

Pour séparer ces éléments entre eux, MM. de la Rue et Muller ont employé les dissolvants suivants :

1° Les hydrocarbures qui bouillent entre 80° et 200° C., qu'on obtient par la distillation du naphte du pays des Birmans et des pétroles en général ;

2° Les hydrocarbures qu'on recueille dans la distillation de la houille, du boghead, des schistes bitumineux, des lignites, de la tourbe, en faisant usage de préférence de ceux qui bouillent depuis 100 jusqu'à 200° C.;

3° L'alcool éthylique, l'alcool méthylique,

Nous nous bornerons à décrire ici la manière proposée par les auteurs pour séparer ces éléments au moyen du naphte.

On divise d'abord en petits fragments ou on rabote

en copeaux la cire qu'on place dans un vase clos ayant
la forme d'un entonnoir fermé par le bas par un bouchon, alors on sature ces fragments ou copeaux avec
l'hydrocarbure provenant du naphte des Birmans ou
autres pétroles ; on laisse en contact avec la cire pendant quelques heures, puis on verse avec précaution
une couche d'hydrocarbure frais sur la surface et on
ouvre le bouchon appliqué sur le bec de l'entonnoir
en laissant écouler l'hydrocarbure saturé qui contient
principalement la substance semi-fluide. Aussitôt que
l'hydrocarbure frais vient en contact avec la cire, on
replace le bouchon, et au bout de quelques heures
il s'est dissous une nouvelle quantité de matière semi-
fluide, ainsi qu'une portion de la matière concrète
qui s'écoule avec elle. Le résidu solide est lavé avec
une nouvelle quantité d'hydrocarbure et, après avoir
été fondu, est soumis à un jet de vapeur d'eau afin
de volatiliser les dernières traces d'hydrocarbure ;
en cet état il est prêt pour l'usage. On peut obtenir
une nouvelle quantité de matière concrète qui exige
toutefois une purification ultérieure en distillant
la deuxième solution et laissant refroidir. La matière semi-fluide s'obtient en distillant complète-
ment la première solution dans une atmosphère de
vapeur.

La matière concrète est applicable à la fabrication des
bougies ; employée seule, elle brûle avec une flamme
comparativement faible, mais elle est précieuse en
particulier en mélange avec la paraffine ou autres
matières légères propres à l'éclairage qui ont une ten-
dance à donner une flamme fumeuse, attendu qu'elle
remédie à leur défaut sans diminuer la fermeté des
bougies.

1° MM. Masse, Tribouillet et Droit, à Paris, ont pris, en 1849, un brevet d'invention pour des procédés de blanchiment des cires et du suif.

Les appareils qu'ils ont proposés pour les opérations dont on va donner la description sont une chaudière en plomb chauffée à feu nu, ou par un serpentin de même métal dans lequel circule la vapeur ou un liquide chaud, ou bien une cuve en granit ou en métal émaillé, ou en bois, chauffée par un serpentin, comme on vient de le dire, ou, mieux encore, chauffée par une injection de vapeur libre portée à une température de 140° à 150° C. environ par son passage à travers des tubes chauffés.

Voici un premier procédé applicable au suif végétal et même à des corps gras d'origine animale.

La matière étant fondue avec environ un tiers de son volume d'eau, on y ajoute un et demi à 2 pour 100 de chlorate de potasse, et 2 à 3 d'acide sulfurique concentré.

On fait bouillir pendant une heure environ, on sépare l'agent chimique qu'on remplace par une quantité d'eau au moins égale, et on fait bouillir de nouveau pour opérer le lavage; la matière alors est propre à être coulée en bougies.

L'agent chimique peut encore servir à d'autres opérations.

Voici un deuxième procédé.

Après avoir fondu la substance avec un volume d'eau égal au tiers du sien, on la met en contact avec de la chaux éteinte dans la proportion de 100 grammes de chaux par 100 kilog. de suif. On brasse bien le mélange qu'on doit tenir constamment à la température nécessaire à son ébullition.

Au bout d'un quart-d'heure ou vingt minutes, on neutralise la chaux par l'acide azotique ordinaire qu'on a soin d'ajouter en excès, de sorte qu'après la neutralisation de la chaux, il y ait encore 500 grammes d'acide par chaque 100 kilog. de suif dans la chaudière.

Après trois quarts-d'heure d'ébullition, on a soin de remplacer l'eau évaporée par de l'eau bouillante qu'on continue d'ajouter ensuite de vingt en vingt minutes, jusqu'à ce que les matières aient acquis le maximum de dureté, ce qui exige deux heures au plus.

Quand on juge que le suif est suffisamment blanc et dur, on verse subitement dans la chaudière 10 litres d'eau froide par 100 kilog. de matières, en ayant soin d'arrêter le feu.

Après avoir laissé déposer le suif pendant une heure ou deux, on peut l'employer à fabriquer des bougies.

Le procédé doit être modifié ainsi qu'il suit pour son application à la cire végétale, notamment celle du myrica.

On fait fondre 100 kilog. de cire dans un litre d'eau, on introduit dans la chaudière ou la cuve 1 kilog. d'un azotate alcalin, celui de soude, par exemple; on fait bouillir le mélange et on y ajoute peu à peu de l'acide sulfurique concentré jusqu'à la décomposition complète de l'azotate. On s'arrange pour que l'acide sulfurique soit en léger excès.

Pendant cette opération, il se dégage de l'acide azoteux, de l'acide hypoazotique, etc., en sorte que l'on voit paraître des vapeurs rouges qui deviennent d'autant plus abondantes que l'ébullition se prolonge davantage. Quand ces vapeurs sont très-abondantes, on doit juger qu'il ne reste pas beaucoup d'eau dans la chaudière ; c'est pourquoi on en ajoute peu à peu, jusqu'à ce que les vapeurs redeviennent blanchâtres. On laisse continuer l'évaporation, en introduisant l'acide sulfurique, comme il a été dit plus haut. On voit paraître de nouveau les vapeurs rouges que l'on arrête à temps par l'addition de l'eau, comme on vient de l'indiquer.

Cette opération se continue ainsi jusqu'à ce que l'on juge la substance suffisamment blanchie et purifiée.

A ce moment, on arrête l'opération par l'addition d'un excès d'eau à 66 degrés centigrades, et l'on cesse le feu.

La cire ainsi obtenue doit être brassée ensuite avec son volume d'eau chaude pour la purifier davantage.

On pourrait remplacer dans cette opération l'acide sulfurique et l'azotate alcalin par l'acide azotique seul, dont on faciliterait la décomposition par une substance animale ou végétale convenablement choisie.

Si l'on veut chauffer par la vapeur, sans eau de condensation, on doit d'abord, soit à feu nu, soit par un serpentin fermé, et avant l'emploi des agents chimiques, porter la matière à l'ébullition, puis la faire couler dans une cuve placée plus bas, dans laquelle on injecte de la vapeur surchauffée.

Voici un troisième procédé.

Il peut arriver que dans l'opération précédente la substance ne soit pas suffisamment blanche, alors on emploie le chlore combiné à l'oxygène à l'état d'hypochlorite alcalin en dissolution très-concentrée. Pour cela, on fait fondre et on ajoute le liquide en agitant constamment. Le tout se met en pâte, qui acquiert bientôt un degré de blancheur éclatante, si l'on a soin de ménager l'opération et d'employer une liqueur suffisamment concentrée.

Un litre d'hypochlorite doit suffire pour 1 kilog. de substance; s'il en fallait davantage, cela indiquerait que la concentration du composé chloré ne serait pas suffisante.

Quand la pâte est assez blanche, on y ajoute de l'acide sulfurique nécessaire pour neutraliser l'alcali, et cette quantité est facile à déterminer, car, en introduisant l'acide peu à peu, il arrive un moment où toute l'eau se sépare; c'est alors qu'il y a assez d'acide sulfurique.

Il faut observer qu'on doit se servir de l'acide quand la pâte est encore chaude; cela est important, car la division des molécules étant maintenue, on peut opérer immédiatement les lavages.

Ces lavages se font simplement à l'eau et deux heures au moins après l'addition de l'acide sulfurique.

A mesure que l'on met de l'eau, on brasse et on laisse reposer; de sorte que l'eau, qui occupe le fond de la cuve, peut facilement être écoulée et remplacée par d'autre.

Les lavages se continuent jusqu'à ce qu'il ne s'exhale plus d'odeurs de la cuve où ils se font; alors on clarifie la matière en la fondant dans la chaudière ou cuve où l'on a effectué le blanchiment et la purification. Il est toujours nécessaire d'y ajouter une petite quantité d'acide sulfurique.

Voici un quatrième procédé.

En mélangeant la cire végétale dure, dite de carnauba, avec une quantité égale ou un peu moindre de suif végétal ou animal, et employant le premier procédé modifié, comme il est dit plus haut, on obtient un produit offrant beaucoup d'analogie avec la cire d'abeilles. Il peut être employé, comme elle, à frotter les appartements et à divers autres usages.

2° M. Palès a pris, en 1850, un brevet pour un procédé propre à fabriquer des bougies avec la cire de myrica et dont voici un aperçu :

La cire de myrica ayant été fondue sur un feu doux, est plongée dans de l'eau de javelle. Le mélange reposé, également soumis à un feu doux, reçoit à deux reprises, après un même repos, une addition d'eau de javelle. A chaque fois, on remue avec une spatule. A la suite de la troisième opération, l'on attaque le mélange par une solution d'acide sulfurique qui sépare la cire de l'eau de javelle. Après refroidissement, on retire la cire, et quand elle est sèche on la fond de nouveau sur un feu doux, et mieux encore au bain-marie, puis on la coule dans les moules. On fait entrer dans la composition de la mèche un fil de laiton ou autre métal galvanisé et très-ténu qui, en la maintenant droite, l'empêche de couler, et qui a de plus la propriété d'augmenter la lumière.

M. Palès a aussi proposé de faire usage de la cire du *myristica sebifera* Lamark; *virola sebifera* Aublet ou muscadier porte-suif, mais qui est plutôt un suif qu'une cire proprement dite.

C'est à l'aide de la pression et l'ébullition qu'il obtient la cire du muscadier en l'exposant à un feu doux, et avec le contact du chlore, il obtient le blanchiment parfait de cette matière, avec laquelle il fait des chandelles et bougies végétales.

Le procédé précédemment indiqué s'applique ici, c'est-à-dire que toutes les explications qui ont été données ci-dessus s'appliquent aussi dans le cas de la cire du muscadier; mais M. Sales croit qu'ils sont également applicables à l'exploitation des fruits des palmiers.

Les ustensiles de cette fabrication sont ceux d'une fabrique de 120 bougies.

3° M. Laporte, de Paris, s'est fait breveter en 1856, pour la fabrication des bougies avec la matière appelée dicka, et avec celle du *virola sebifera.*

Ces matières cueillies, mises en pâte ou réduites en poudre, on en extrait l'huile ou la substance grasse par la fermentation, par simple ébullition dans l'eau, les acides ou la vapeur surchauffée.

Une fois l'huile obtenue, on la blanchit au chlorure de chaux, avec les nitrates de potasse, de soude ou de chaux, là soude caustique, l'éther, l'hypochlorite de soude, le chromate de potasse, la filtration sur le noir animal, l'argile, le grès, la vapeur surchauffée, etc.

Pour obtenir l'huile par fermentation, on prend un vase dans lequel on introduit pour 100 kilogr. 33 parties de dicka, 33 parties d'eau et 33 de levure de bière. Le tout étant bien mélangé, on soumet pendant deux à trois jours à une température de 30°, au bout desquels l'huile mise en liberté s'est séparée du mucilage et de l'amidon, on filtre et on blanchit.

Pour opérer par l'acide azotique ou autre acide, on dépose la matière dans un vase en plomb émaillé, et on y ajoute 15 à 20 pour 100 d'acide, on chauffe à une température ne dépassant pas 100° en agitant constamment. Au bout de peu de temps, l'huile mise en liberté s'élève pure et limpide à la surface, où on la décante à mesure qu'elle apparaît jusqu'à ce que la matière formant le résidu soit presque sèche. On lave à grande eau portée à 60° l'huile qui se concrète par le refroidissement.

Pour obtenir l'huile par la vapeur surchauffée, on introduit la matière dans un appareil disposé sur le feu et dans lequel on fait arriver de la vapeur surchauffée; la matière est bientôt désaggrégée, et l'huile surnage sur l'eau de condensation, tandis que les résidus tombent au fond. Si l'on n'obtient qu'un mucilage, on le soumet à une forte pression pour en extraire l'huile, et si cette huile a une couleur jaunâtre, on recommence l'opération. Du reste l'huile, quel que soit son mode d'extraction, peut être blanchie par la vapeur surchauffée.

Pour se procurer une huile parfaitement incolore au moyen du nitrate de potasse, de l'hypochlorite de soude, de la soude caustique et de l'éther, on fait fondre la matière, on y ajoute 25 litres d'eau par 100 kil. de matières, et 20 pour 100 des corps ci-dessus, excepté l'éther, dont il ne faut que 5 pour 100 qu'on mêle directement goutte à goutte et sans addition d'eau. Le mélange de l'éther étant opéré, on brasse pendant une heure jusqu'à ce que la matière soit parfaitement blanche. On opère de la même manière avec les autres réactifs mêlés à l'eau, mais au lieu de verser goutte à goutte, on verse de temps en temps la quantité qu'on veut, pourvu que l'on agite ensuite quand tout est versé jusqu'à ce que le mélange soit parfaitement blanc.

Maintenant pour avoir la matière pure et dégagé
des divers réactifs, on la traite à froid ou à chau
par les acides dans la proportion de 40 pour 100 d'
cide étendu de trois fois son volume d'eau. On vers
l'acide sur la matière devenue savonneuse, on chauf
jusqu'à l'ébullition, et l'huile pure et incolore vier
nager à la surface. On n'agite pas pour ne pas trou
bler la réaction. On décante l'huile qu'on lave dar
une grande quantité d'eau chaude.

Toutes ces opérations terminées, on obtient aprè
le refroidissement une blancheur parfaite et une ma
tière concrète à 45° qu'on transforme en bougie
avec une mèche tressée qu'on prépare ainsi qu'il suit
4 litres d'eau, 20 grammes d'acide sulfurique et 10
grammes d'acide borique en larmes, on fait bouilli
et on plonge les mèches dans ce bain pendant vingt
quatre heures après que l'on a retiré du feu. O
coule alors la bougie par les moyens ordinaires,
l'exception que les moules n'ont pas besoin d'êtr
chauffés avant ou après le coulage.

Pour blanchir avec le chromate de potasse, on fai
dissoudre 2 1/2 pour 100 de ce sel dans l'eau, on fai
fondre le corps gras dans l'eau et on y verse peu
peu la solution de chromate en agitant toujours. A
bout d'un quart-d'heure, le mélange devient ver
foncé, on continue néanmoins à agiter au moin
pendant une heure, on retire du feu et on aban
donne au repos; pendant ce temps le chromate s
précipite en entraînant la matière colorante d
corps gras; on décante et on lave abondamment e
plusieurs fois à l'eau chaude.

On fait subir le même traitement à la matièr
grasse provenant du *virola sebifera*, et la seule diffé

rence que cette matière présente avec le dicka, est qu'elle devient concrète à 15 degrés plus bas que le dicka.

4° On traite aussi le dicka du Gabon et une autre graine sébifère du Brésil, qu'on appelle *doubi*, suivant M. Laporte, par le moyen suivant, pour en faire une matière propre à la fabrication des bougies.

On prend pour fabriquer 100 kilogr. de bougies, 160 kilogr. de l'une de ces graines, ou 80 de l'une et autant de l'autre, qu'on réduit en pâte par un broyeur ordinaire; la pâte ainsi obtenue est étendue sur une feuille mince de tôle ou de zinc que l'on présente à une chaleur suffisante à feu direct ou à vapeur, en remuant toujours pour en extraire la matière grasse. On reconnaît le degré quand la pâte devient humide. Cinq minutes après le dégorgement, on introduit la pâte dans des sacs en laine qu'on met en presse dans des étreindelles en crin, et on presse immédiatement avec force. L'huile qui découle se fige et se concrète en une matière dure comme la cire et de couleur brun sale. On la blanchit en la faisant fondre à feu nu, et y ajoutant 20 pour 100 d'un chlorure liquide. On fait bouillir pendant une heure ou deux en agitant constamment, et l'opération est terminée lorsque l'eau du chlorure qui surnage a pris une couleur rose tirant sur le violet; on retire du feu, on laisse refroidir, et le produit qui nage à la surface est blanc et remis en chaudière en y ajoutant 40 pour 100 d'acide sulfurique étendu de deux fois son volume d'eau; on fait bouillir une heure au moins, et le corps qui vient se concréter à la surface est presque blanc. Pour l'obtenir d'une blancheur et d'une limpidité parfaite, on le fait fondre une troisième fois à grande eau, on l'écume et on laisse refroidir à une douce chaleur pour précipiter les dernières impuretés.

Le blanchiment peut aussi s'opérer au moyen du soufre en vapeur ou par une simple exposition à l'eau ou au soleil.

5° De son côté M. Boillot s'est fait breveter en 1856 pour des procédés propres à fabriquer des bougies avec les cires de myrica et la cire carnauba. Voici un extrait de son brevet.

On prend 10 kilogrammes de cire brute de myrica qu'on fait fondre dans une chaudière émaillée sur un feu doux, et lorsqu'elle est fondue on y verse à diverses reprises 1 décilitre d'hypochlorite de soude ou de potasse, en agitant constamment. Quand la pâte est devenue blanche, on la saupoudre de nitrate d'ammoniaque dans la proportion de 20 grammes et on agite en continuant à verser de l'hypochlorite. Cette opération terminée, on verse dans une cuve en bois et en plomb avec de l'eau chaude, et au bout d'une heure pendant laquelle on a agité trois à quatre fois, on ajoute un demi-litre d'acide sulfurique étendu de trois fois son volume d'eau. On abandonne quatre à cinq heures en agitant de temps à autre. On verse sur la matière un courant d'eau bouillante ou on fait arriver dessus un courant de vapeur, et à mesure que la cire surnage et se clarifie, on la décante en renouvelant cette opération jusqu'à clarification suffisante. Enfin, on met la cire en pains pour la conserver ou on la met en fusion et on en moule des bougies.

On peut traiter la cire carnauba d'une manière à peu près analogue, mais pour la transformer en bou-

ries après avoir blanchi à la lumière, on la fait fon-
lre au bain-marie et on la mélange à de l'huile de
loco ou du suif dans la proportion de trois parties
;arnauba et deux parties de l'une ou l'autre de ces
natières.

M. Boillot a aussi indiqué un procédé pour fabri-
juer avec le carnauba et les corps gras une cire jaune
'actice imitant la cire d'abeilles.

Dans une chaudière émaillée, on fait fondre 50 ki-
ogrammes de cette cire végétale avec la même quan-
ité de suif ou de flambard et un demi-litre d'eau.
Lorsque le mélange est fondu, on met dans la chau-
lière pour 50 kilogrammes de mélange 150 grammes
l'azotate de potasse et immédiatement après 50 gram.
l'acide sulfurique étendu de trois fois son volume
l'eau. On brasse avec une spatule, on chauffe à feu
loux jusqu'à ce que la masse qui bout soit arrivée à
ine teinte jaune imitant celle de la cire d'abeilles, ce
i quoi on arrivera d'autant plus promptement qu'on
ménagera les aspersions d'eau froide pour arrêter
'effervescence et en introduisant de temps à autre
lans le mélange un peu d'azotate et d'acide sulfuri-
jue étendu, afin de faire jaunir la matière. Enfin,
lorsqu'on est arrivé à la coloration voulue, on arrête l'opération, on verse dans la chaudière de l'eau
à deux ou trois reprises, décantant chaque fois, on
laisse reposer quelques heures et on met en pains.

Suivant M. Boillot, cette cire peut être employée à
la fabrication des bougies jaunes et aux mêmes usages que la cire brute d'abeilles.

6° M. Leroux de Paris a pris en 1856, un brevet
pour la fabrication des bougies par un mélange de
corps gras d'origine végétale de provenances diver-

ses, qu'il combine dans des proportions variées et dé
terminées par la qualité qu'il veut obtenir. Ces corp
gras sont ceux que fournissent : 1° le *bassia butyracea;* 2° le *coco nucifera;* 3° le *stillingia sebifera,*
4° le *myrica cerifera* et ses diverses espèces ou variétés ; 5° la *cire carnauba.*

Le *bassia butyracea* et le *stillingia sebifera* offran
une plus grande fermeté et surtout un point de fusion plus élevé que l'huile de coco, on les substitue
ensemble ou séparément à ce dernier produit en
n'ayant recours à la cocinine que dans le cas où les
deux premières matières ne suffiraient pas aux be-
soins de la fabrication. Dans les mêmes circonstances on peut substituer la stéarine à la cire de myrica
et aux autres cires végétales dans la proportion de 10
à 20 pour 100.

Pour blanchir la cire de myrica et ses variétés, il
faut être muni d'une chaudière qui fournit la vapeur
pour les lavages et la force mécanique et de cuves
doublées en plomb pourvues d'agitateurs.

Après avoir opéré un premier lavage à l'eau tiède
pour enlever les corps étrangers adhérents à la surface de la cire de myrica, on porte la quantité choisie dans la première cuve dans laquelle on a versé
un volume égal d'eau, on ouvre le robinet donnant
accès à la vapeur dans le serpentin et on met l'agitateur en mouvement en continuant cette agitation
jusqu'à fusion complète, mais en se gardant bien d'é-
lever la température jusqu'au point d'ébullition.

Après un repos d'une heure environ, on soutire par
le robinet placé sur le fond de la cuve l'eau chargée
de matières colorantes, on répète cette opération deux
ou trois fois, et quand l'eau a été soutirée pour la der-

nière fois, on procède à la saponification et à la décoloration.

La saponification s'opère à l'aide d'une lessive alcaline à 5° Baumé et préparée avec le carbonate de soude cristallisé. On verse dans la cuve un poids de cette lessive égal à la matière en traitement, on ouvre le robinet de vapeur, on met l'agitateur en mouvement, puis au fur et à mesure que l'empâtage a lieu, on ajoute peu à peu la même quantité d'hypochlorite de soude et l'opération se poursuit jusqu'à séparation de la matière concrète d'avec le liquide.

Après un repos suffisant, on soutire ce liquide qu'on remplace par une égale quantité d'hypochlorite de soude, on recommence comme ci-dessus et l'opération continue jusqu'à ce que la masse ait pris un aspect laiteux. Arrivée à ce point, la matière est hydratée, mais on obtient sa séparation de l'eau en versant peu à peu dans la cuve de l'acide sulfurique fortement étendu d'eau. Aussitôt que le corps gras surnage, on juge de son point de décoloration en en versant quelques gouttes sur un verre; s'il reste une teinte verdâtre, on y ajoute de nouveau après soutirage de l'eau acidulée et peu après une nouvelle quantité d'hypochlorite; on chauffe légèrement, la matière s'hydrate, prend un aspect amorphe et la teinte verdâtre disparaît entièrement. On ajoute alors de l'eau acidulée par petites parties et jusqu'à séparation. Pendant le cours de cette opération, il faut soigneusement éviter l'ébullition et donner à l'agitateur le plus d'activité possible.

Quand la matière paraît surnager complétement, on arrête l'agitateur et à l'aide d'un second robinet placé vers le milieu de la cuve, on la soutire dans une autre cuve contenant environ moitié de sa capacité d'eau froide légèrement acidulée. On met l'agitateur en mouvement afin de refroidir promptement la matière qu'on y verse et la réduire en fragments très-menus. Elle est alors d'un blanc éclatant et légèrement hydratée, on la chauffe pour la mettre seulement en fusion et après un nouveau soutirage on passe au lavage par l'addition d'une nouvelle quantité d'eau pure.

Après un assez long repos, la matière est soutirée dans des formes en ne laissant aux pains que 2 à 3 centimètres d'épaisseur, afin de faciliter l'action des rayons solaires et des vapeurs aqueuses et arriver plus vite à la blancheur désirée.

C'est dans cet état qu'on combine la cire de myrica avec les autres substances après qu'on leur a fait subir un traitement spécial.

Ainsi les cires de bassia et de stillingia doivent être débarrassées des matières étrangères en les faisant fondre ensemble ou séparément à la vapeur dans une cuve semblable à celles affectées au traitement du myrica. Lorsque la fusion est parfaite, on introduit peu à peu de l'eau légèrement acidulée en volume égal à celui de la matière, on met l'agitateur en mouvement et la matière est brassée pendant une heure environ. Il faut éviter de dépasser la température de 40° C., autrement les matières oléagineuses combinées aux acides concrets pourraient, en se suroxygénant, colorer toute la masse.

L'huile de coco exige un traitement plus compliqué dû à son point de fusion plus élevé et à la quantité considérable d'oléine et de glycérine qu'elle contient. Aussi, après lui avoir fait subir la même opéra tion que ci-dessus, on la soumet à l'action d'une presse hydraulique qui en réduit la quantité à 35 à 40 pour 100, les plaques contenant la matière ne devant être chauffées qu'à une température de 10 à 12° C.

Le carnauba ne doit subir qu'un simple lavage à l'eau pure, à la température de 40° environ, afin de ne pas l'altérer par sa fusion dans l'eau.

Les proportions les plus convenables de ces différents corps pour bougies de première qualité sont :

Myrica.	75 kilog.
Bassia et stillingia, ou, à leur défaut,	
la même quantité de stéarine. . . .	20
Cire vierge.	5
	100

Pour deuxième qualité :

Myrica.	15
Bassia et stillingia, ou, à leur défaut,	
même quantité de cocinine..	45
Carnauba..	35
Cire vierge.	5
	100

Les matières ainsi dosées sont placées dans une chaudière au bain-marie, ou mieux chauffées par la vapeur à l'aide d'un serpentin, et la matière est brassée jusqu'à parfaite fusion. On laisse un peu tomber le feu et après un léger repos on coule dans les moules.

Pour la première qualité, les mèches sont tressées et contiennent 75 fils. Leur préparation consiste dans une immersion de 12 heures dans une solution de 40 gram. d'acide borique et 20 gram. de bismuth pour 1000 gram. d'eau distillée.

Pour la deuxième qualité, les mèches sont roulées à la main comme celles des chandelles et faites avec du coton blanchi sur pré et non au chlore. Le nombre des fils doit être de 35 à 40 au plus, auxquels on ajoute 2 fils de Cologne afin d'éviter une courbure trop prononcée de la mèche lors de la combustion. La préparation a lieu dans le bain indiqué plus haut.

Le myrica employé seul ne donnerait qu'un produit très-secondaire à cause de sa grande sécheresse, aussi est-il nécessaire de lui adjoindre un corps oléagineux afin de lui donner les qualités de la cire naturelle ou cire d'abeille.

7° MM. P. A. Leroux et L. B. Martin ont fait la remarque, en 1858, que la substance qu'on appelle cire carnauba, carnuba, cire végétale, etc., jouissait de la propriété de favoriser la solidification des corps gras d'origine animale ou végétale sans altérer leur combustibilité. Une combinaison convenable et des manipulations appropriées à ces produits fournissent une matière qu'on peut obtenir sous différents états de solidité ou suivant les applications qu'on veut en faire. Cette matière a un point de fusion deux fois plus élevé que celui du suif ordinaire; elle est sans odeur, brûle parfaitement et n'exige pas qu'on mouche les bougies.

Tous les corps gras concrets ou oléagineux, d'origine végétale ou animale, disent les inventeurs, peuvent être solidifiés par la cire carnauba; mais, jusqu'à présent, les huiles de coco, de pavot et de noix sont celles auxquelles on a donné la préférence, d'abord à raison de leur prix modéré et ensuite par le peu de manipulations qu'elles exigent pour être converties en une matière susceptible de diverses applications utiles. Ils décrivent ainsi qu'il suit les divers procédés pour exploiter cette branche d'industrie.

Supposons, disent-ils, qu'il s'agisse de fabriquer 1,000 kil. de matière qu'ils appellent cire artificielle propre à la fabrication des bougies. On prend 700 kil. d'huile de noix de coco et 300 kilogr. de cire carnauba. On jette ces substances dans une chaudière doublée en plomb, d'une capacité double de la quantité des substances qu'on y dépose. Dans cette chaudière est placé un serpentin pour la circulation de la vapeur qui, à partir du fond, s'élève jusqu'aux deux tiers de sa hauteur et on y a adapté deux robinets, l'un près du fond, l'autre à 30 centimètres au-dessus. Après avoir chargé cette chaudière on ouvre le robinet de vapeur et on chauffe jusqu'à ce que la masse soit complétement liquéfiée. Arrivé à ce point, on ajoute 10 kilogr. d'acide sulfurique étendu de vingt fois son poids d'eau, on brasse pendant un quart-d'heure environ et on abandonne le mélange au repos à une température suffisante pour que le mélange reste fluide. Au bout de deux heures environ, on ouvre le robinet inférieur pour évacuer l'eau acidulée réunie sur le fond et qui, en s'écoulant, entraîne les matières étrangères. Dès qu'il commence à couler des matières grasses, on ferme ce robinet et on ouvre celui de vapeur. On verse 400 litres d'eau très-chaude sur la masse, on agite un quart-d'heure et on abandonne au repos en maintenant la matière à l'état fluide pendant qu'on procède au moulage. Les moules peuvent être en métal, en verre et d'une capacité quelconque. Cette première manipulation de la matière effectue la solidification des huiles ou autres matières grasses par la cire carnauba.

Si au lieu d'huile on voulait solidifier une autre matière grasse, on réglerait la proportion de celle-ci suivant la solidité qu'on voudrait donner au produit. Les proportions varient aussi suivant la température ambiante, c'est-à-dire qu'on peut employer plus d'huile ou de matière grasse en hiver qu'en été.

Pour appliquer ces matières à la fabrication des bougies, il y a quelques précautions à prendre. D'abord les mèches doivent être tressées plus ou moins serré et le nombre des fils déterminé suivant le plus ou moins de consistance du mélange et son point de fusion. Les mèches les plus avantageuses à la combustion contiennent quatre-vingt-dix fils pour bougies dites des six, et quatre-vingt-un fils pour celles dites des huit. Le retordage a lieu à trois brins, un peu moins serrés que pour les bougies d'acide stéarique de première qualité ; un retordage plus serré empêcherait la matière de s'élever lors de la combustion. Les mèches tressées sont plongées dans un bain d'alcool et d'eau où l'on a versé une solution d'acide borique, comme pour les bougies stéariques. Un autre soin non moins important consiste à plonger les mèches avant de s'en servir dans un bain de cire artificielle ou un mélange de stéarine et de cire, afin de faciliter l'ascension de la matière par voie de capillarité et de fournir une meilleure combustion.

Le moulage de ces bougies de cire artificielle s'opère comme celui des bougies d'acide stéarique. Le blanchiment s'effectue par les procédés ordinaires.

8° M. G. Boccius a proposé, en 1868, une composition que nous ferons connaître en quelques mots.

Cette composition consiste en un mélange de cire carnauba, de cire du Japon ou autre cire végétale avec la paraffine, le blanc de baleine ou la stéarine. La cire végétale est mise en fusion dans un vase convenable, et on y ajoute de 50 à 95 pour 100 en poids de paraffine, de blanc de baleine ou de stéarine, la proportion variant suivant le degré de dureté qu'on veut donner à cette composition. Quand le tout est fondu et bien mélangé par l'agitation, on verse dans les moules ou on y plonge les mèches, comme on le pratique pour les bougies ordinaires.

On conseille d'opérer ce mélange et cette mixtion au bain-marie, parce que le feu nu est sujet à brûler la composition.

La cire carnauba fond à 87° C. (83°5 d'après Lewy), la cire du Japon à 55° (47° à 49° suivant Moore), la stéarine à 58°, et le blanc de baleine à 48°.

La température, dans l'opération, doit s'élever jusqu'à celle où la matière la plus difficile à fondre entre en fusion. Ainsi, pour faire une composition de cire carnauba et de paraffine, il faut élever la température au moins à 87° C.

En terminant cet exposé des tentatives faites pour utiliser les cires végétales, nous ferons remarquer que la cire du Japon, qui, à raison de son bas prix, peut dans bien des cas remplacer la cire d'abeilles, et dont malheureusement aujourd'hui on se sert souvent pour sophistiquer cette dernière, est fréquemment mélangée à de l'eau dans le commerce. Une proportion de 15 à 20 pour 100 d'eau n'est pas une chose rare, et on rencontre même des cires qui en renferment jusqu'à 30 pour 100, ou le tiers environ de leur poids. Cette cire, par cette addition, perd son éclat et sa transparence, et prend l'aspect de la cire d'abeilles, devient blanche, mate, friable et facile à casser.

L'eau, qu'on peut aisément séparer de la cire en faisant fondre celle-ci, n'est pas, comme on pourrait le croire, combinée avec cette cire par un agent chimique, il faut donc que les marchands aient recours à un tour de main particulier pour unir une si forte proportion d'eau liquide à la cire fondue, avant de la verser dans les moules.

CHAPITRE VIII.

BOUGIES DIVERSES.

Il nous reste encore à parler d'un assez grand nombre de produits qui se rattachent à l'art du cirier, dont les uns se fabriquent avec des mélanges de matières ou des matières qui ont subi un traitement particulier, et dont d'autres sont des objets de luxe ou de fantaisie. Nous n'entrerons pas d'ailleurs dans de longs détails sur ces produits dont plusieurs ont cessé d'être fabriqués, et dont d'autres ne font l'objet que d'une fabrication secondaire.

ARTICLE Ier. — Bougies céromimèmes.

Ces bougies, inventées par MM. Braconnet et Simonin, de Nancy, se préparent avec une matière particulière.

Cette matière, pouvant remplacer la cire dans plusieurs de ses usages, et particulièrement pour l'éclairage, est retirée de toutes les graisses animales par le procédé suivant :

La graisse ou le suif dont on veut extraire la matière concrète est étendue avec une quantité variable d'une huile volatile, ordinairement celle de térében-thine ; le mélange, placé dans des boites circulaires revêtues intérieurement de feutre, et dont les parois latérales, ainsi que le fond, sont percés d'une multi-tude de petits trous, est soumis à une pression gra-duée et très-forte qui en exprime l'huile volatile ajou-ée avec elle, et la partie la plus fluide de la graisse employée ; la substance solide restée dans les boites en est retirée ; on la fait bouillir longtemps avec de l'eau pour lui enlever l'odeur de l'huile volatile; tenue ensuite en fusion pendant quelques heures avec du charbon animal nouvellement préparé, elle est filtrée bouillante et refroidie ; cette substance est d'un blanc éclatant, demi-transparente, sèche, cassante, sans sa-veur ni odeur.

Cette matière, très-propre à l'éclairage, ne peut ce-pendant, dans cet état, être employée à cet usage, à cause de sa trop grande fragilité, qui n'en permet ni le moulage, ni le transport ; on parvient à lui donner une sorte de ductilité et de ténacité par un léger con-tact avec du chlore ou de l'acide chlorhydrique ga-zeux ; son alliage avec un cinquième de cire d'abeil-les donne le même résultat ; alors son emploi est facile, et on moule des bougies d'un usage aussi agréable que celui des bougies faites avec de la cire.

L'huile exprimée ou la partie la plus fluide de la graisse employée, contenant, outre l'huile volatile que l'on peut séparer par la distillation, une quantité as-sez considérable de matière concrète qu'elle entraîne et tient en solution, étant épurée et blanchie par le charbon d'os, est éminemment propre à la fabrication le savon excellent pour les arts, et même pour l'usage

domestique, son odeur étant faible et pas trop d(
gréable. Cette huile animale, saponifiée d'abord
la potasse des Vosges, est transformée en savon (
à base de soude, par le sulfate de soude, de peu
valeur et très-abondant dans les eaux salées du
partement.

Ce procédé a l'avantage d'offrir au commerce du :
fate de potasse, recherché pour les fabriques d'al

Observation. — Après avoir retiré la matière
boîtes, l'avoir fait bouillir, etc., comme le recomm
dent les auteurs, nous avons obtenu une substa
d'un blanc éclatant, et ayant les autres qualités qt
font remarquer. Lorsque ensuite nous avons vo
mettre cette substance en contact avec du chl
ou de l'acide chlorhydrique, nous avons remar(
que, quelque léger qu'ait été ce contact, cette s
stance perd la propriété d'être combustible. Il
donc préférable d'employer le second moyen, l'alli;
avec un cinquième de cire d'abeilles qui lui doi
la ductilité et la ténacité nécessaires.

ARTICLE II. — **Bougies diaphanes**.

M. Danker (Heinrich), de Paris, a pris en 18
un brevet pour une bougie qu'il appelle diaph;
et qu'il compose ainsi qu'il suit.

On commence par blanchir la cire jaune brute
moyen de la vapeur, on prend ensuite 45 kilogr.
cire, que l'on fait fondre dans un vase de cui\
étamé, où on laisse la cire pendant six heures. (
ajoute alors 2 kilogr. de térébenthine et 550 gramm
de potasse de Russie; on fait fondre le tout, en e
posant le vase qui le contient à la chaleur de la v
peur de l'eau bouillante, en plaçant ce même va\

u chaudière, dans un vase plus grand, où la vapeur
ntre d'un côté et sort de l'autre, et on laisse le tout
h cet état pendant cinq heures; ensuite on passe
ette cire dans une étoffe de laine blanche, et à me-
ure on l'expose, en la couvrant avec du papier gris,
ur une cuve de plomb entourée d'eau bouillante,
our que la cire refroidisse lentement. On la laisse
n cet état pendant vingt-quatre heures. Quant au
legré de chaleur qui convient le mieux, il s'acquiert
ar l'expérience.

Pour blanchir la cire comme on vient de le dire,
n mélange 500 grammes de blanc de baleine avec
0 grammes de la cire obtenue, et lorsque le blanc
'est pas affiné, on n'en met que 450 grammes sur
0 grammes de cire; on fait alors fondre le tout en-
emble dans un vase de cuivre étamé, exposé à l'ac-
ion de la vapeur, et on verse dans le moule.

Pour affiner le blanc de baleine, M. Danker met
lans un sac de toile ou de toute autre matière, une
juantité plus ou moins grande de blanc de baleine
orut; on place ce sac entre des plaques de fer, sous
ane presse hydraulique, à vapeur ordinaire, ou à la
main, pour en extraire l'huile qu'il contient. Il ne
faut pas que la pression soit très-forte. Lorsqu'on
juge qu'elle est terminée, on retire le blanc de baleine des sacs, et on le fait fondre dans une chaudière en fer; il faut écumer jusqu'à ce que les matières étrangères aient été enlevées. Lorsqu'on s'a-
perçoit que le blanc de baleine est assez limpide, on
le laisse refroidir, et quand la plus grande chaleur
est passée, on le transvase dans un baquet en fer-
blanc, cuivre ou étain, où il achève de se refroidir.
Lorsque le blanc de baleine est entièrement figé, on

le coupe par morceaux aussi menus que possible et on le met dans des sacs de crin; on chauffe ensuite la presse, soit à l'aide de la vapeur, soit par tout autre moyen, et quand on juge que cette presse est assez échauffée, on y place le blanc de baleine renfermé dans les sacs de crin, toujours entre des plaques de fer, afin d'en extraire tout ce qu'il peut contenir de graisse. On commence ensuite par le faire fondre et on le laisse sur le feu, dans la chaudière dont il est parlé plus haut, jusqu'à ce qu'il soit aussi limpide que de l'eau de roche.

Dans la description qui précède, on a indiqué le mélange de 500 grammes de blanc de baleine avec 30 grammes de cire, et on a dit que, quand cette substance n'était pas assez affinée, on n'en mettait que 450 grammes sur 60 grammes de cire; l'expérience a démontré depuis, qu'on pouvait mettre, sur 50 kilogrammes de blanc, depuis 3 kilogr. 50 de cire, jusqu'à 12 kilogrammes; mais lorsqu'on mélange le blanc de baleine avec cette dernière quantité ou environ, la bougie n'est pas aussi belle ni aussi transparente que lorsqu'on n'en met que 3 kilog. 50.

Pour fabriquer une bougie plus ordinaire, on peut mettre sur 50 kilogrammes de blanc et 3 kilogr. 50 plus ou moins de cire, depuis 5 kilogr. jusqu'à 12 kilogr. de suif. Le mélange de ces substances se fait lorsqu'elles sont chaudes; il est bien entendu qu'on ne doit employer que du suif bien raffiné.

ARTICLE III. — **Bougie bâtarde transparente.**

M. Débitte jeune (Jean-Charles) a longtemps débité à Paris une bougie dont il a fait connaître la composition dans un brevet en date de 1825.

Pour composer 50 kilogrammes de cette bougie, prenez 45 kilogr. de blanc de baleine, 2 kilogr. 50 de suif de chèvre épuré, et 2 kilogr. 50 de cire; faites fondre dans des chaudières séparées, scellées et à bain-marie, chacune de ces substances; ajoutez par 50 kilogrammes de chaque matière, 30 grammes de crème de tartre et un pareil poids d'alun de glace; mettez chacune de ces trois compositions déposer dans un vase particulier et tirez au clair.

Lorsque vous voudrez faire usage de ces préparations, vous mêlerez ensemble et dans une même chaudière à bain-marie, 45 kilogrammes de celle dont la base est le blanc de baleine, 2 kilogr. 50 de celle qui contient le suif de chèvre épuré, et 2 kilogr. 50 de celle qui est formée de cire. Lorsque ces 50 kilog. de matières seront bien mélangées, vous y ajouterez encore 30 grammes de crème de tartre et 30 grammes d'alun de glace, et vous mélangerez bien le tout.

Cette préparation ainsi faite, vous la ferez chauffer à 90° C. et vous la laisserez déposer jusqu'à ce que la chaleur soit descendue à 60°; alors vous tirez la composition au clair dans des pots, pour la verser de suite dans des moules en étain, préparés à cet effet.

Au moyen de cette combinaison, on obtient une bougie qui éclaire beaucoup plus que celle qu'on a faite jusqu'à présent, et qui peut supporter une grande chaleur.

ARTICLE IV. — **Bougies de vaxème.**

Cette bougie a été imaginée par M. N.-H. Manicler, de Londres, qui s'exprime ainsi dans sa patente :

Les corps gras sont composés de deux substances,

l'une concrète, et l'autre plus ou moins liquide. Le principal point de cette invention est d'opérer la séparation de ces deux substances par un procédé simple qui ne tend ni à les altérer, ni à en augmenter le prix. L'agent dont je me sers à cet effet est l'eau.

Je prends du suif ordinaire ou du suif en branches pilé et lavé, que je tiens en ébullition pendant un certain temps, avec de l'eau dans un digesteur. L'opération est regardée comme bien faite lorsque, versé et refroidi, le suif présente intérieurement un aspect grenu ; alors je le soumets à la pression, et les deux corps se séparent.

La matière concrète obtenue, mêlée avec une légère quantité de galipot, est mise en contact avec du chlore, ensuite filtrée avec du charbon animal : le résultat de cette opération, qui prend le nom de *vaxême*, est propre à être converti en bougies, qui rivalisent avec celles en cire pure.

Quant à la matière liquide, elle est employée à différents usages, principalement à fabriquer du savon.

Lorsque la substance solide a été obtenue, comme il est dit précédemment, selon sa sécheresse et sa friabilité, je la mêle, plus ou moins, avec le dixième de son poids d'huile de lin ou de chanvre, la plus épurée et décolorée possible, et rendue épaisse comme de la térébenthine par un moyen quelconque, soit en la faisant bouillir dans un vase dont on entretient continuellement un vide partiel, à l'aide d'une machine pneumatique que l'on met en jeu; soit en la mettant dans un vase de fer propre, en élevant promptement la température, la retirant du feu, l'enflammant et l'éteignant quand elle est diminuée d'un quart, soit en l'exposant à l'air dans des vases de bois, jusqu'à ce qu'elle ait acquis la consistance dont je viens de parler.

Quand l'huile de ce mélange s'est solidifiée, le résultat ressemble à de la cire pour l'aspect, la ténacité et les qualités ; mais je puis lui donner un point de perfection plus élevé, en finissant par le tenir en fusion durant trois ou quatre jours dans un volume double du sien de chlore gazeux. Je le fais ensuite bouillir dans l'eau filtrée, au moyen d'un conduit de vapeur qui plonge dans le fond de la chaudière, jusqu'à ce qu'il ait perdu l'odeur du chlore, je le laisse éclaircir et je le coule en pains.

ARTICLE V. — **Bougies décorées.**

MM. P. Brash et R. Irvine se sont fait patenter en 1865, pour un moyen propre à décorer les bougies d'armoiries, de bouquets de fleurs, de dessins, etc. A cet effet, les dessins qu'on veut appliquer sur la bougie sont imprimés en couleur au vernis sur du papier émail, c'est-à-dire, enduit d'un mélange de colle forte et de plâtre fin, et cette impression est transportée sur la bougie en appliquant le papier sur celle-ci, sur laquelle on le presse et le frotte au moyen d'un brunissoir. La bougie est alors plongée dans l'eau dont le papier en absorbant le liquide se ramollit et peut être enlevé aisément en laissant le dessin fixé sur la bougie. Pour mieux assurer et hâter le transport, on applique avant celui-ci un vernis très-siccatif sur la bougie.

ARTICLE VI. — **Bougies colorées.**

On colore parfois les bougies pour leur donner un aspect plus agréable que celui mat de la cire. A cet effet on s'est servi de couleurs, la plupart dangereuses pour la santé des consommateurs, et c'est ce qui nous oblige à faire connaître ici les substances dont on se sert encore pour cet objet, afin qu'on puisse se garantir des effets des bougies colorées avec des matières toxiques.

M. H. Vohl, qui a fait une étude attentive de ce sujet, assure que les bougies filées ne sont presque jamais colorées dans la masse, et que la couche extérieure seule est imprégnée de la matière colorante. Cette coloration s'opère en coupant la bougie par tronçons de 25 à 30 centimètres de longueur qu'on travaille de deux manières. On plonge des tronçons dans un bain de cire colorée où on maintient la couleur en suspension en agitant continuellement, ou bien on les roule sur une table qu'on saupoudre avec la couleur finement pulvérisée, jusqu'à ce que celle-ci ait pénétré la surface et ait donné une teinte uniforme.

Quant aux bougies coulées, elles sont toujours colorées dans la masse, soit avec des couleurs qui peuvent se dissoudre et s'incorporer dans la masse fondue, soit avec des couleurs qu'on y distribue bien uniformément par l'agitation avant de mouler. Généralement on considère la coloration des bougies comme un moyen de dissimuler l'infériorité de la matière.

Pour colorer les bougies en rouge ou en rose, on se sert du cinabre, du minium, de l'orcanette, du sang-dragon, et aussi du rouge d'aniline. Parmi les matières colorantes, il n'y a que les deux premières qui puissent avoir une influence nuisible sur la santé, les autres ne paraissent donner lieu à aucun produit de la combustion de nature à nuire à la santé, mais d'un autre côté, comme les colorations par l'orcanette, le sang-dragon et l'aniline blanchissent assez promptement par l'action de la lumière solaire, on en fait peu d'usage. L'emploi du minium est même assez borné, parce que la belle coloration qu'il procure tant aux bougies roulées qu'à celles coulées se détruit aisément, car une partie de l'oxygène du minium, pour peu que la chaleur de la cire s'élève de quelques degrés au-dessus du point de fusion, se dégage, suroxyde une portion du plomb et fait pâlir la couleur.

La plupart du temps on se sert donc du cinabre qui, lors de la combustion, développe de l'acide sulfureux et des vapeurs métalliques de mercure. Quant au minium, il abandonne, lors de la combustion, son oxygène, et une portion du plomb régénéré se dissipe en vapeurs qui se déposent sur les corps froids à l'état d'oxyde de plomb.

On colore les bougies en jaune avec le sulfure d'arsenic, le chromate de plomb, le chromate de zinc et le curcuma. Les trois premières matières développent lors de la combustion des vapeurs toxiques, tandis que le curcuma, matière végétale, ne donne comme produit que de l'acide carbonique et de l'eau. Les sulfures d'arsenic (orpiment, réalgar) donnent en brûlant de l'acide arsénieux et de l'acide sulfureux. Le chromate de plomb et celui de zinc, des vapeurs de plomb ou des oxydes de chrome ou de zinc qui restent dans les cendres, ou bien ce dernier s'échappe dans l'atmosphère. Les composés de plomb et de zinc se séparent d'abord dans la flamme intérieure à l'état métallique, puis ils s'oxydent dans la flamme extérieure et se volatilisent avec la fumée.

Pour colorer les bougies en vert, on fait usage du vert de Schweinfurt et du stéarate de cuivre. La première matière dégage pendant la combustion des produits extrêmement dangereux à respirer, tandis que suivant M. Vohl, le stéarate de cuivre, quand il est bien préparé, n'exerce aucune influence nuisible sur la santé. Le vert de Schweinfurt étant composé d'arsenic de cuivre combiné à l'acétate du même métal, dégage en brûlant des fumées épaisses d'acide arsénieux. Le cuivre, au contraire, reste en partie à l'état métallique, en partie à celui de protoxyde dans les cendres de la mèche. L'acide acétique fournit de l'acide carbonique et de l'eau. Ici encore l'arsenic se réduit d'abord à l'état métallique qui, en se brûlant dans la flamme extérieure, se transforme de nouveau en acide arsénieux, et sous cette forme se dégage et se répand dans l'atmosphère.

On prépare ordinairement le stéarate de cuivre en précipitant une solution chaude de stéarate de soude ou de potasse par une solution bouillante de sulfate de cuivre. Il se forme ainsi une couche grasse vert foncé consistant en stéarate de cuivre qu'on lave à plusieurs reprises et qu'on ajoute à la matière qui sert à fabriquer les bougies.

Ainsi préparée, M. Vohl affirme, d'après ses expériences, que cette couleur ne présente aucun danger, parce qu'il n'y a aucune trace de cuivre volatilisé pendant la combustion. Mais si pour préparer le stéarate on remplace le sulfate de cuivre par le bichlorure de cuivre, il y a toujours quelques faibles quantités de ce bichlorure qui échappent à la décomposition et restent dans le stéarate de cuivre, bichlorure que donne lieu à des vapeurs de chlorure et de bichlorure de cuivre. Dans ce dernier cas, la bougie brûle avec une flamme bordée d'un beau vert, dû à l'oxyde qui se dépose sur les corps froids qu'on place au-dessus de cette flamme.

ARTICLE VII. — **Bougies aromatiques.**

On produit des bougies aromatiques en ajoutant à la matière dont elles sont composées de l'huile essentielle de laurier. Voici comment MM. Blot et Loro ont proposé d'opérer.

Ayant amené la masse de cire concrète à l'état de fusion, on y ajoute 10 pour 100 de la composition suivante qu'on a fait fondre à part, savoir : 4 parties de cocinine, 4 de cire vierge et 2 d'essence de laurier réduite en miettes très-fines. La fusion s'opère au bain-marie clos et amené à un degré assez élevé de chaleur. On verse dans la masse en fusion, on agite et on procède vivement au moulage des bougies, dont les mèches ont subi la préparation suivante.

On fait dissoudre une partie de baume de tolu sec et concassé dans dix parties d'alcool à 36° B., on filtre la liqueur et l'on y plonge les mèches au moyen d'une boîte métallique fermée et garnie intérieurement d'une grille mobile qui sert à l'égouttage. Les mèches ainsi préparées sont renfermées dans des boîtes d'où on les retire au moment de procéder au moulage.

ARTICLE VIII. — **Bougies à voitures.**

Les bougies à voitures ou bougies qu'on place dans les lanternes ou lampes des équipages, se font à mèches tressées, quelquefois multiples; elles sont très-courtes et dépassent rarement un poids de 60 à 65 grammes. Leur longueur est au plus de deux fois leur diamètre, et alors ce qui permet de ne donner au tube porte-bougie qu'une longueur seulement suffisante pour l'introduction du ressort qui doit pousser cette bougie au bec.

Pour fabriquer cette bougie, on emploie des moules d'un diamètre de 48 millimètres environ, et quelquefois même de 54, afin d'en réduire la longueur autant qu'il est possible. Cette fabrication ne présente, du reste, rien de particulier.

ARTICLE IX. — **Bougies des fumeurs.**

Ces bougies se fabriquent avec de la cire qu'on tire en fil, qu'on coupe ensuite de longueur et qu'on enduit enfin par un bout de l'une des compositions dont on fait usage pour les allumettes phosphoriques.

ARTICLE X. — **Allumettes-bougies et bougies-veilleuses.**

On prend 100 kilog. de matière qu'on fait fondre dans une chaudière à feu direct ou à la vapeur. La matière étant fondue, on dispose de chaque côté du fourneau, un peu en avant, deux poteaux supportant une plaque en fer ou un tube en verre. Cette plaque est percée de trous de différents diamètres, suivant la grosseur qu'on veut donner à la bougie. A 4 à 5 mètres de cet appareil, on dispose un tour en bois d'une circonférence environ de 2 à 4 mètres, distance qui suffit pour que la cire ait le temps de se figer. A un mètre derrière le fourneau, et en regard du tour, est une boîte non fermée et à petits compartiments qui contient dans chaque case un peloton de coton composé de 4 à 5 fils. Un petit trou pratiqué dans chaque case, du côté qui fait face au fourneau, permet de passer les fils qui, en se déroulant dans les cases, vont se réunir dans la chaudière au fond de laquelle est fixé un anneau dans lequel passent tous les fils pour s'imbiber de matière grasse et passer par l'un des trous de la plaque pour prendre une forme ronde continue. L'anneau est assez élevé dans la chaudière pour que le coton n'entraîne pas avec lui les impuretés qui s'y sont déposées par le repos. Au sortir de la plaque, le bout de cette bougie est tiré et fixé sur le tour qu'on met alors en mouvement sans interruption jusqu'au déroulement complet des pelotons. Cette bougie est ensuite coupée de longueur suivant l'usage auquel on la destine.

CHAPITRE IX.

FABRICATION A LA VAPEUR.

Avant de terminer ce que nous avions à dire sur la fabrication des bougies et des cierges, nous croyons devoir rappeler que plusieurs fabriques ont essayé de pratiquer toutes les opérations à la vapeur. Un des premiers industriels qui ait tenté ce mode de fabrication a été M. Caminade, fabricant de bougies et de cierges à Castres (Tarn), et voici à peu près quel était son mode de travail.

Fonte de la cire. — Une chaudière à vapeur munie d'une soupape de sûreté est placée sur un fourneau très-bien construit selon les principes modernes, dans un coin de l'atelier, et fournit la vapeur à toutes les bassines qu'on doit chauffer, par des tuyaux placés

sous le carrelage, afin que ces conduites ne gênen
pas le travail.

Sur le bâti du fourneau est placée une grande cuv
en bois, cerclée en fer et doublée en cuivre laminé
Un tuyau armé d'un robinet plonge jusqu'au fond d
cette cuve; il sert à y porter la vapeur au sortir d
la chaudière. Cette cuve porte, vers son fond, un gro
robinet qui sert à faire évacuer tout son contenu lors
qu'il en est temps.

Lorsqu'on veut fondre, on verse dans la cuve 10 ki
log. d'eau par chaque 50 kilog. de cire. L'expérienc
a appris, dit l'auteur, que cette quantité d'eau es
nécessaire pour conserver à la cire sa faculté de brûle
sans pétiller. Il prétend que lorsqu'on en met moins
l'eau se combine plus facilement avec la cire et qu'ell
y adhère si fortement que, même pendant toutes le
opérations subséquentes, elle ne s'en détache pas en
tièrement et qu'elle en conserve toujours, intercalé
entre ses molécules, pour pétiller pendant la combus
tion. Nous rapportons textuellement ses mêmes paro
les, n'ayant pas été à même de faire des expérience
qui affirment ou infirment l'assertion du fabricant.

Après un temps suffisant de repos pour donner au
matières hétérogènes que la cire peut contenir la fa
cilité de se précipiter au fond, on ouvre le robinet e
décante, dans un grand seau inférieur doublé en cui
vre, tout ce que contient la cuve, et qui est encor
très-chaud; on élève, à l'aide d'un treuil, ce seau à un
hauteur convenable pour qu'en ouvrant un robine
inférieur, l'eau et la cire puissent couler ensembl
dans le grêloir, placé à l'ordinaire sur le bout de l
baignoire, et de là s'écoulent sur le tour, afin de ré
duire la cire en rubans minces par les mêmes procé

dés que nous avons décrits (p. 135). Le grêloir, le tour et la baignoire sont semblables à ceux que nous avons décrits (p. 135), si ce n'est que la baignoire a une forme rectangulaire, et qu'elle est doublée en cuivre.

La cire rubanée est portée sur les étendoirs pour y être blanchie par les mêmes procédés que nous avons décrits (page 131).

Fabrication des cierges. — On emploie deux bassines pour la fabrication des cierges; elle sont chacune montées sur des bâtis en maçonnerie qui les élèvent à une hauteur convenable pour un service facile. Chacune de ces bassines est double, c'est-à-dire qu'elles sont l'une dans l'autre à la distance de six centimètres dans toutes les parties de leur surface, afin de loger entre elles la vapeur qui doit porter la chaleur dans toute leur surface. Ce que nous disons ci est commun aux deux bassines dont nous allons parler, ainsi qu'au bassin appelé *la plonge,* dont nous parlerons après.

La première bassine qui sert à fabriquer les cierges *au cerceau,* que nous avons désignés dans le Manuel (page 171) sous le nom de cierges *à la cuiller,* a intérieurement 73 centimètres de diamètre; elle a tout autour un bord de 20 centimètres de large, incliné vers le centre de 15 à 18 degrés, afin de conduire la cire qui tombe sur ce bord, et toujours échauffé par la vapeur, dans l'intérieur de la bassine. Cet appareil supplée avec avantage à celui que nous avons décrit (page 171) sous le nom de *caque.* Les bassines, tant l'extérieure que l'intérieure, sont en cuivre rouge, l'intérieure seule est étamée avec soin, elles sont très-bien soudées l'une à l'autre par leurs bords, afin que la vapeur ne puisse pas s'échapper. Nous croyons

inutile de faire observer qu'un tuyau est soudé au
fond de la chaudière et porte au dehors un robinet
pour laisser échapper l'eau provenant de la vapeur
condensée.

La seconde bassine, placée un peu plus loin à côté
de l'appareil pour *la plonge,* est de même dimension
que celle que nous venons de décrire, avec la seule
différence qu'elle n'a pas de bords ; comme la première elle est double, étamée en dedans comme la
première, est montée sur un bâti en maçonnerie
exactement semblable à l'autre. Cette bassine est
uniquement destinée à maintenir à un degré de chaleur convenable la cire qui doit être versée dans l'appareil à *la plonge* dont nous allons parler.

L'appareil à la plonge est formé de deux bassines
en cuivre, placées l'une dans l'autre comme les deux
bassines précédentes, à une distance de 10 centimètres
dans toute leur étendue ; elles sont aussi en cuivre
rouge. Leur forme est celle d'un rectangle dont les
grands côtés pour la bassine intérieure ont 40 cent.
de long, sur 20 cent. de large ; sa profondeur est d'environ 60 cent., c'est-à-dire celle de la longueur des
plus grands cierges qu'on fabrique par ce procédé,
plus quelques centimètres en sus, afin que le cierge
n'atteigne pas le fond. La bassine intérieure de la
plonge a un large bord incliné comme la première
que nous avons décrite et dans le même but. La bassine extérieure est enveloppée de maçonnerie et le
tout est supporté par un bâti afin que les bords su-
périeurs soient élevés à une hauteur convenable.

On travaille les cierges, dans cet appareil, de la
même manière qu'on fabrique les chandelles à la baguette (voyez tome I, page 297).

Au fur et à mesure du travail, on tient dans *la plonge,* la cire toujours à la même hauteur en y versant de la cire liquide qu'on puise dans la seconde bassine, placée à côté.

Les tuyaux qui conduisent la vapeur de la chaudière qui la fournit à l'entour de ces trois bassines, sont distribués sous le carrelage afin de ne pas gêner le fabricant dans son travail. Les robinets sont placés auprès de la dernière bassine, en sorte que lorsqu'il travaille à la plonge, on peut, sans se déranger, introduire la vapeur ou la supprimer à volonté, selon le besoin, en tournant l'une ou l'autre clé, dont les poignées sont placées à la portée de sa main.

On a suppléé d'une manière ingénieuse à *l'étuve* ou *lit* dont on se sert ordinairement pour disposer les cierges à être *roulés,* et que nous avons décrit (page 177).

A côté de la table à rouler, est placée une bassine de forme rectangulaire d'environ 32 cent. de large, sur autant de hauteur, et d'une longueur suffisante pour contenir sans gêne les cierges les plus longs. Sur le fond est placé un cylindre en cuivre rouge, comme la bassine, dans lequel on introduit la vapeur. Cette bassine est pleine d'eau qu'on entretient par la vapeur à une température convenable pour que la cire conserve à sa surface une moiteur suffisante pour pouvoir être roulée sans s'écailler, et se prête facilement aux opérations du *roulage.* On place les cierges tête et queue sur la surface de cette eau; afin qu'ils ne surnagent pas, on les tient plongés à 27 millim. au-dessous du niveau de l'eau, à l'aide de quelques liteaux de bois dur qu'on fait entrer par force, en travers, dans la bassine.

Presse d'une nouvelle construction. — Indépendamment des appareils que nous venons de décrire, on a dans l'atelier en question fait usage d'une très-forte presse horizontale de l'invention de M. Caminade, pour extraire les dernières portions de la cire contenue dans les résidus de la première fonte des cires, opérée par les agriculteurs des rayons du miel, qui manquent de moyens assez puissants pour obtenir une grande pression. Ce fabricant achetait de ces agriculteurs tous les résidus à très-bas prix, sous la dénomination vulgaire de *baudousques*, et il en retirait une quantité de bonne cire dans la proportion de 10 à 20 p. 100, selon que les paysans avaient plus ou moins bien opéré sur leurs résidus.

Cette presse est formée d'un gros tronc de chêne sans défauts, de 3 mètres de long sur 72 centimètres d'équarrissage. Vers le milieu de sa longueur, est creusé un bassin carré de 41 centimètres de côté et d'une longueur suffisante pour contenir la presse proprement dite et son jeu. La presse est en fer forgé d'une forte dimension. La vis est pareillement en fer forgé de 10 centimètres de diamètre. Elle est mue par une roue extérieure de 3^m.25 de diamètre, armée de fortes chevilles sur lesquelles deux hommes s'exercent. On entretient la chaleur nécessaire pour que la cire soit toujours à l'état de fluidité convenable, à l'aide de plaques de fer chauffées. Cette fluidité pourrait être entretenue plus constamment et d'une manière plus économique en employant la vapeur et un appareil semblable ou analogue à celui que nous avons décrit (fig. 8, pl. 1, page 42, tome I). Une bonne presse hydraulique produirait encore de plus puissants effets et supprimerait un ouvrier.

Combustible.— Enfin, avant d'employer la vapeur, on faisait une consommation énorme de bois, de houille et de charbon de bois pour alimenter les fourneaux et on est parvenu à se passer de ces combustibles, qu'on remplace avec le plus grand avantage par l'emploi de tous les résidus de la fabrication qui ne coûtent rien, dont on ne trouve pas à se défaire, et qui procurent d'excellentes cendres recherchées pour les lessives et même comme engrais.

CHAPITRE X.

DIFFÉRENTS USAGES AUXQUELS ON EMPLOIE LA CIRE.

On se sert de la cire brute dans plusieurs arts industriels sans lui faire subir aucune préparation. Le frotteur d'appartements n'a pas besoin qu'elle soit parfaitement pure, il y mêle quelquefois de la résine; mais il rejette toujours celle qui est alliée de suif.

Il n'en est pas de même du menuisier et de l'ébéniste, ils cherchent toujours à se procurer la cire exempte de toute espèce d'alliage.

Nous ne traiterons dans ce chapitre que des objets pour lesquels on emploie la cire proprement dite, ou ceux dans lesquels la cire entre en plus ou moins grande quantité.

ARTICLE Ier. — **Encaustique.**

On prépare la cire de deux manières : l'une sert aux peintres pour mélanger avec les couleurs dont ils se servent pour la peinture à l'encaustique; l'autre sert aux menuisiers et aux ébénistes pour polir les moulures, les sculptures, etc.

1° *Cire préparée pour la peinture à l'encaustique.* — On fait dissoudre à chaud la cire blanche dans l'essence de térébenthine. La cire y devient fluide ; les artistes qui peignent à l'encaustique se servent de cette dissolution, au lieu d'huile de lin siccative, pour broyer et délayer leurs couleurs.

Rappelons à ce sujet, un mode de peinture à la cire qui a été proposé en 1858 par M. Alluys et a été l'objet d'un rapport de M. Barreswil à la société d'encouragement.

« M. Alluys s'est proposé, dit le rapporteur, de faire une peinture mixte, séchant comme la colle, souple et solide comme la peinture à l'huile. Pour cela, il ajoute à la peinture broyée ordinaire, au lieu de l'excès d'huile de lin selon la recette habituelle, un mélange de cire et de résine en dissolution dans l'essence de térébenthine. Ce mélange ne diffère pas à l'aspect de la peinture ordinaire, il se comporte à l'emploi à peu près de même ; mais lorsque l'essence est vaporisée, il laisse une couche assez ferme pour qu'elle supporte sans décharger un léger frottement. Inutile d'ajouter qu'à la longue cette peinture sèche complétement et acquiert une grande dureté, toutefois, je dois faire observer que cette dureté n'égale jamais celle d'une bonne peinture normale, et, que, si la quasi-siccité est rapide, la siccité absolue n'est que l'effet d'un très-long temps.

« M. Alluys a bien voulu faire exécuter à l'école municipale Turgot un grand panneau à trois couches, et ce spécimen a parfaitement répondu aux exigences du *programme d'une bonne peinture,* moins pourtant l'épreuve du temps et encore celle-ci ne nous paraît pas douteuse.

« Le procédé suivi par M. Alluys n'est pas nouveau, en ce sens qu'avant lui on a employé la cire et qu'on n'emploie que trop la résine ; mais on se servait de la cire d'une manière exclusive, et la résine telle qu'on l'applique ordinairement est surtout pour l'entrepreneur un produit de falsification.

« Il nous a paru que ce mélange des deux substances est rationnel ; la cire combat les mauvais effets de la résine dont le bon marché lui permet d'entrer dans la peinture *de métier* ; il nous a paru que cette préparation, qui s'emploie avec la peinture broyée ordinaire, n'a pas été jusqu'ici l'objet d'une application industrielle, et que M. Alluys a le mérite de l'avoir conseillée le premier.

« D'après ce qui précède, votre rapporteur pense que l'emploi du procédé de M. Alluys peut avoir son utilité, et que l'entrepreneur intelligent pourra en faire l'application dans les circonstances données. Mais la peinture à l'huile normale lui paraît encore préférable pour des circonstances quelconques, attendu qu'elle a pour elle la sanction du temps. »

Voici maintenant la composition et la préparation de la peinture de M. Alluys.

On prend :

Cire jaune pure.	10 kilog.
Huile de lin.	10
Essence de térébenthine.	8
Résine ordinaire..	5

On fait fondre, d'une part, la cire dans l'huile de lin et, d'autre part, la résine dans l'essence, en ayant soin de n'employer que des vases très-propres et en

soumettant les deux opérations à un feu très-doux.
Quand les deux fusions sont obtenues et que les substances sont parfaitement liquides, on les retire du
feu et on opère le mélange en versant le contenu
d'un vase dans l'autre et en brassant jusqu'à ce que
l'ensemble soit arrivé à l'état pâteux; l'opération est
alors achevée.

Emploi de la peinture. — Dans cet état pâteux et
sans autres combinaisons, la matière s'emploie comme
enduit à divers usages. Elle est presque incolore après
son application; elle peut remplacer avec avantage
les préparations à la cire et la fresque, dont elle a le
même ton pour les peintures d'églises et autres bâti-
ments. On peut l'appliquer à la truelle ou au pinceau et s'en servir en plein air pour durcir les pierres taillées, sculptures, etc.

Lorsqu'on veut l'employer pour produire des peintures de couleur, on y ajoute de l'essence de térébenthine en quantité suffisante pour l'étendre facilement, sans pourtant la rendre liquide; on prend alors
la couleur que l'on veut, broyée à l'huile, et l'on
ajoute à la peinture dans la proportion d'un tiers en
volume; on remue à la spatule en versant de temps
en temps un peu d'essence, et l'on peut peindre ensuite comme avec la peinture ordinaire.

2° *Encaustique des menuisiers,* etc. — On fait dissoudre dans de l'eau tiède de la potasse caustique,
on tire à clair. On remet cette eau limpide sur un feu
modéré, afin d'entretenir seulement une chaleur de
30° (Réaumur); on y jette de la cire brute pure coupée
par petits morceaux, elle s'y dissout facilement; on
continue jusqu'à saturation; on laisse le tout quelque
temps en digestion, toute la masse se réduit en une

bouillie qu'on passe à froid avec un gros pinceau sur les ouvrages. Lorsque l'encaustique est sec, on polit en frottant fortement avec une brosse.

ARTICLE II. — **Cire pour la chancellerie.**

L'on applique les sceaux sur les titres que délivre la Chancellerie, avec de la cire préparée exprès. Cette cire est jaune, rouge ou verte. La cire jaune est naturelle, on l'épure de toute saleté ; la cire rouge est de la cire blanche teinte avec le vermillon ; la cire verte est de la même cire teinte avec le vert-de-gris. On écache cette cire comme nous l'avons indiqué (p. 178), on la réduit en petites tablettes plus ou moins grandes, selon la dimension donnée et l'épaisseur voulue.

Lorsqu'on veut l'employer, on met ces tablettes dans l'eau tiède pour les ramollir, on en prend deux qu'on essuie légèrement en les plaçant entre deux feuilles de papier non collé, on les pose l'une sur l'autre après avoir introduit entre les deux le ruban ou le parchemin qui doit les retenir ; on y appose le cachet, et, par une légère pression suffisante, on y imprime le sceau. Ces sceaux sont ensuite enfermés dans des boîtes de fer-blanc ou d'argent, ou d'or, pour les garantir de tout frottement.

ARTICLE III. — **Cire à sceller, ou cire de commissaire.**

On appelle *cire à sceller* une cire molle qu'on vend en bâtons, et dont se servent les juges de paix, les commissaires de police et autres officiers publics, pour mettre les scellés lorsque l'autorité l'a ainsi ordonné, ou dans les cas indiqués par les lois. On n'a besoin ni de feu ni de lumière pour l'appliquer, on la ramollit entre les doigts, on l'applique de la grandeur du sceau, comme la cire de la Chancellerie dont nous venons de parler dans l'article précédent, sur du papier, du parchemin, ou mieux sur un ruban de fil, en la comprimant fortement ; cette cire prend l'empreinte du cachet, et fait corps avec l'objet sur lequel on l'a appliquée. Cette cire se compose de la manière suivante :

On fait fondre dans un poêlon quatre parties de cire blanche, une partie de térébenthine de Venise, du vermillon broyé très-fin, en quantité suffisante pour donner la couleur qu'on désire. On remue le tout jusqu'à ce que le mélange soit parfait, on le retire du feu et l'on agite continuellement jusqu'à ce que le tout soit refroidi ; sans cette précaution, le vermillon se précipiterait au fond et la masse ne serait pas également colorée.

On partage cette masse en morceaux du poids de 31 grammes ; on la roule sur la table mouillée, de même que nous l'avons indiqué pour la bougie (p. 167), et l'on en forme ainsi des bâtons de 82 à 108 millimètres de long, que l'on polit comme la *cire à cacheter.*

On ne donne ordinairement à cette cire que la couleur rouge ; cependant on pourrait lui donner toute autre couleur en substituant au vermillon des oxydes métalliques.

ARTICLE IV. — **Cire verte pour les décorateurs.**

Les *décorateurs* emploient aussi une cire molle pour fixer sur les plateaux de table, entre les pièces de dessert, des figures en biscuit ou tout autre ornement. Cette cire est ordinairement verte ; elle se ramollit

entre les mains, et tient assez fortement pour empêcher les figures ou les ornements de se détacher.

La composition de cette cire est la même que celle
de *commissaire* dont nous venons de parler. En place
de vermillon, on emploie le vert-de-gris en poudre,
la manipulation est la même.

Les jardiniers se servent aussi de cette cire pour
couvrir le bout des branches qu'ils viennent de tail-
ler, afin d'empêcher la pluie de pénétrer et de porter
préjudice à l'arbre.

ARTICLE V. — **Cire à modeler**.

Les sculpteurs chargés de préparer les moules pour
fondre les statues en bronze et autres ouvrages de
cette nature, préparent eux-mêmes une composition
de cire jaune, de poix de Bourgogne et de graisse de
porc, dont les doses varient selon les divers emplois
auxquels ils les destinent. En voici deux recettes :

8 kilog. de cire jaune, 1 kilog. de poix de Bourgogne, un demi-kilog. de saindoux, ou bien 5 kilog. de
cire jaune, un demi-kilog. de térébenthine de Venise,
un demi-kilog. de poix de Bourgogne et un demi-kilog. de saindoux.

On fait fondre à petit feu, sans laisser bouillir, en
remuant continuellement avec une spatule, et l'on
coule avant que le tout ne bouille, afin de n'y laisser
introduire aucune bulle d'air.

ARTICLE VI. — **Cire pour les graveurs**.

Les graveurs sur pierres précieuses se servent d'une
cire particulière pour prendre l'empreinte des pierres
gravées. Ils composent cette cire de la manière suivante : on fait fondre lentement et à petit feu 31 gram-

mes de cire vierge dans laquelle ils incorporent petit à petit 4 grammes de sucre candi réduit en poudre très-fine. Lorsque la cire est liquide, on y ajoute 15 grammes de noir de fumée bien dégraissé, et un décigramme ou au plus un gramme de térébenthine de Venise. On remue bien le tout avec une spatule. On le retire du feu, on laisse un peu refroidir, et on en forme de petits pains qu'on ramollit entre les doigts pour prendre l'empreinte qu'on désire, en appuyant dessus fortement la pierre gravée, après l'avoir légèrement mouillée avec la langue.

Les plus habiles graveurs en pierres fines emploient cette composition.

ARTICLE VII. — Cire de doreur.

Les doreurs sur bronze se servent d'une cire composée qu'ils passent sur l'or après la dorure. On fait d'abord chauffer la pièce dorée, on frotte la surface avec cette cire; ensuite on la fait fortement chauffer et on la passe promptement dans l'eau bouillante, qui tient du sel de tartre en dissolution; la cire s'y dissout et se détache, et l'or acquiert une belle couleur foncée. En voici la composition :

On prend 122 grammes de cire vierge, 23 grammes de vert-de-gris, 31 grammes d'airain brûlé (1) (battitures de cuivre), 16 grammes de craie rouge et 8 grammes d'alun. On fond la cire, on y jette toutes les autres substances pulvérisées, on remue le tout conti-

____

(1) Pour se procurer les battitures de cuivre jaune (laiton ou bronze), on fait rougir un morceau de bronze, on le forge ainsi chauffé, il s'en détache des parcelles comme lorsqu'on forge du fer après l'avoir fait rougir : ce sont ces parcelles qu'on appelle *battitures*. On les pile et on les tamise avant de les employer.

nuellement avec une spatule, jusqu'à ce que le tout soit refroidi, et l'on en fait des bâtons ronds.

Cire de Nuremberg. — Cette cire, qui sert au même usage, est regardée par les doreurs comme plus parfaite que la précédente. On en connaît deux recettes que voici :

Première recette. — On prend 980 grammes de cire vierge, 31 grammes de craie rouge, autant de sulfate de zinc, 16 grammes de battitures de bronze, 62 grammes de vert-de-gris, et 16 grammes de borax.

Deuxième recette. — On prend 122 grammes de cire vierge, 735 grammes de craie rouge, autant de sulfate de zinc, 459 grammes de vert-de-gris, autant de battitures de bronze, et 92 grammes de borax.

On fond la cire à un feu doux; lorsqu'elle est fluide on y jette toutes les substances en poudre, on les incorpore bien, on retire le vase du feu, on remue continuellement jusqu'à ce que la cire soit figée; on en forme des bâtons qu'on emploie comme nous l'avons déjà dit au commencement de cet article.

ARTICLE VIII. — Cire noire pour les bottes et les souliers.

Cette cire, dont la composition nous est venue d'Angleterre, produit l'effet d'un beau vernis, et a l'avantage de ne tacher ni les mains ni les bas. En voici la recette :

On prend un litre de bière, on y met 61 grammes de noir d'ivoire, 31 grammes de sucre candi, autant de gomme arabique, le tout en poudre impalpable; on y ajoute 122 grammes de cire vierge. On met le tout ensemble dans un pot de terre à trois pieds; on le fait bouillir à petit feu, pendant l'espace de dix minutes; on le retire du feu et on remue constamment jusqu'à ce que le tout soit froid.

On passe ce noir, liquide et froid, sur le cuir avec un pinceau, on se sert ensuite d'une brosse douce pour l'étendre également, et lorsqu'il est à peu près sec, on le frotte avec une brosse douce; plus on le brosse, plus le noir devient poli et brillant.

Ce cirage a l'avantage de ne pas brûler le cuir comme tous ceux dans lesquels on fait entrer des acides minéraux et que l'on vend sous le nom de cirage anglais, parce que nous avons la folie de croire que ce qui vient de l'étranger est plus parfait que ce que nous fabriquons. Je me sers depuis long-temps d'un cirage à l'encaustique dans lequel je ne mets aucun acide, et qui est parfait. En voici la composition :

Dans 5 litres d'eau de rivière on jette 120 grammes de savon coupé en petits morceaux, on y ajoute 60 grammes de sous-carbonate de potasse ou de sel de tartre, on fait dissoudre le tout à une température de 40° C.; lorsque tout est fondu, on y jette 500 grammes de cire vierge coupée en petits morceaux, et on agite de temps en temps jusqu'à ce que tout forme une émulsion épaisse. Alors on ajoute les substances suivantes en poudre impalpable :

Noir d'ivoire.	1000 gram.
Sucre candi.	150
Gomme arabique.	60

Après avoir bien mélangé le tout en remuant continuellement, on le retire du feu, et on le laisse entièrement refroidir en remuant toujours pour ne pas laisser précipiter. On s'en sert comme du précédent.

ARTICLE IX. — Cire à frotter les toiles de coutil destinées à renfermer des plumes, etc.

Les tapissiers emploient une cire composée dont ils frottent à l'envers les toiles de coutil dont ils font les lits de plumes, les oreillers, etc., pour les rendre imperméables aux plumes dont ces meubles sont remplis. Les fabricants de musettes frottent de même l'intérieur de leurs peaux afin de les rendre imperméables à l'air. Voici la composition dont ils se servent :

Sur 50 kilogrammes de cire jaune, on met 8 à 9 kilogrammes de térébenthine et un kilogramme de poix de Bourgogne. On fait fondre le tout à petit feu, en remuant continuellement pour bien mêler la matière. On ne laisse pas bouillir, et l'on coule dans les mêmes moules que nous avons indiqués pour les mortiers (page 185).

ARTICLE X. — Cire à figures et à fruits.

C'est la plus belle cire qu'on emploie pour former les figures. On la colore de couleur de chair, et on la moule dans les moules de plâtre, de la même manière que les mouleurs coulent leurs figures en plâtre.

Pour les fruits, on prend la plus belle cire que l'on teint de la couleur du fruit ; on les moule comme les figures, et on les termine au pinceau avec des couleurs à l'encaustique.

Comme notre but n'est pas de décrire ici l'art du figuriste, nous nous bornerons à ce peu de mots sur cet art, ainsi que sur celui du fleuriste en cire.

FIN DU TOME SECOND,

TABLE DES MATIÈRES

CONTENUES

DANS LE TOME SECOND.

MANUEL DU CIRIER.

FIN DE LA TABLE DU TOME SECOND.

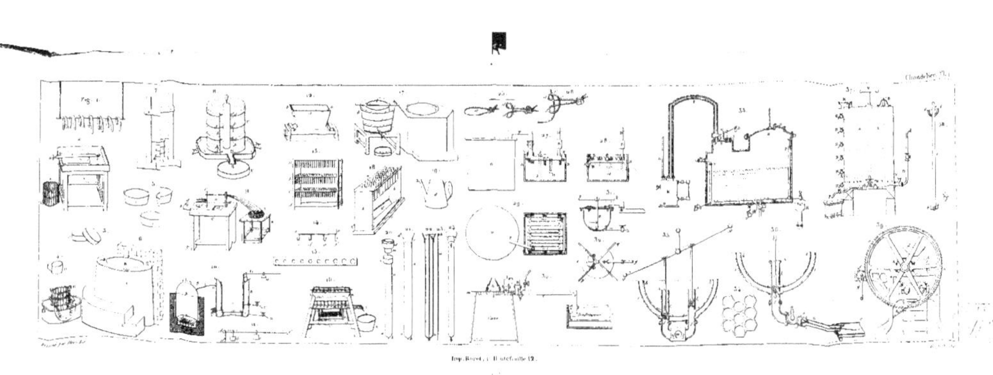
Chaudière. Pl.
Imp. Bayot, r. Hautefeuille 12.

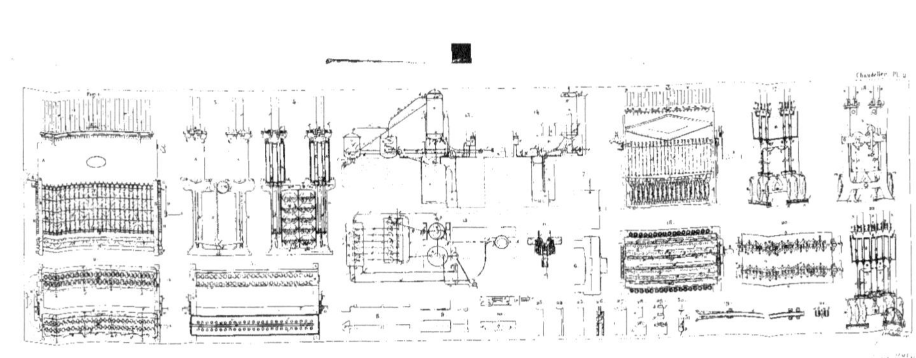

Chandelier. Pl. II

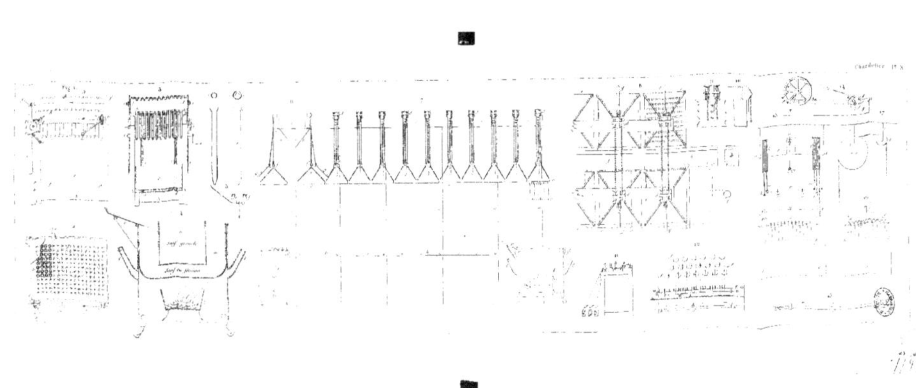

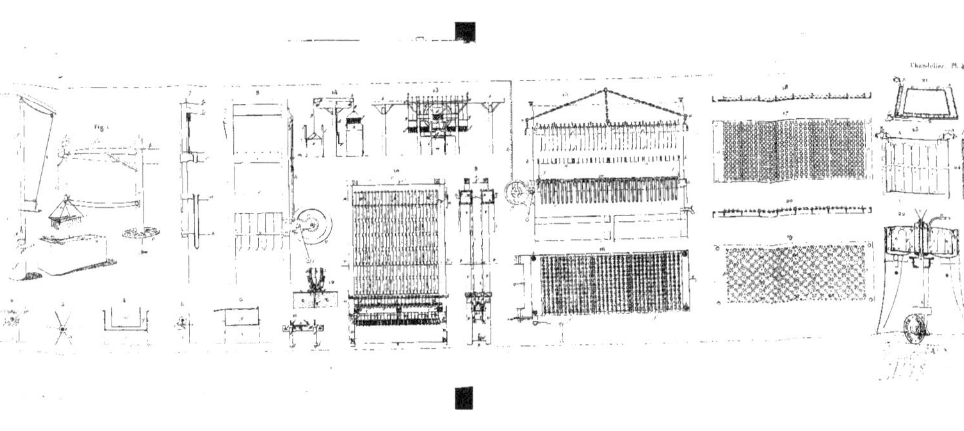

Chandelier Pl. 4

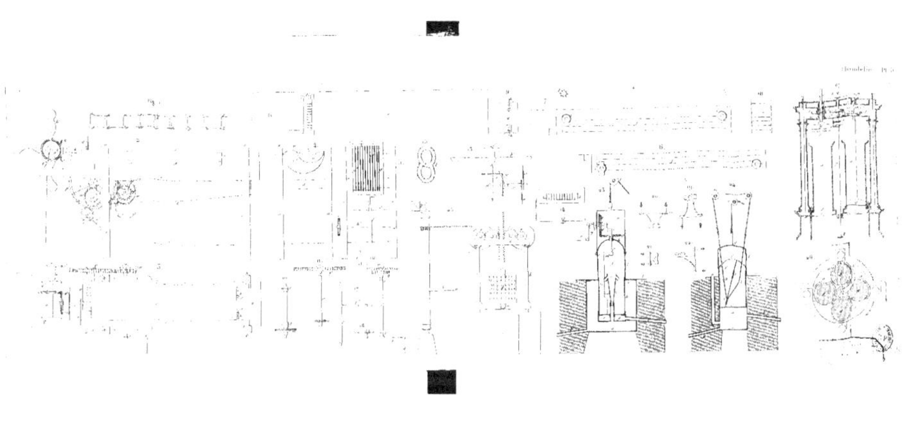

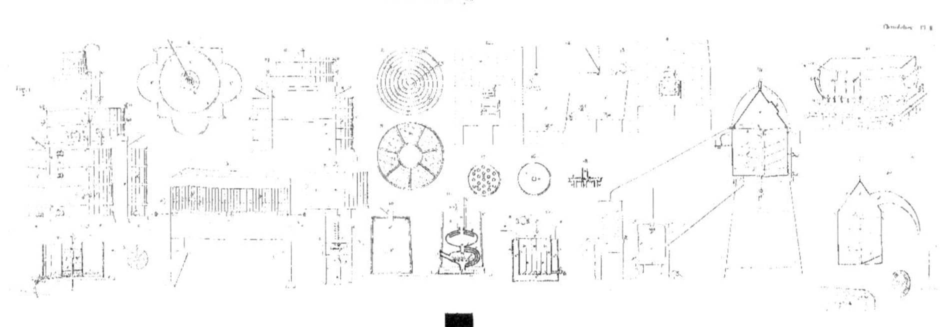

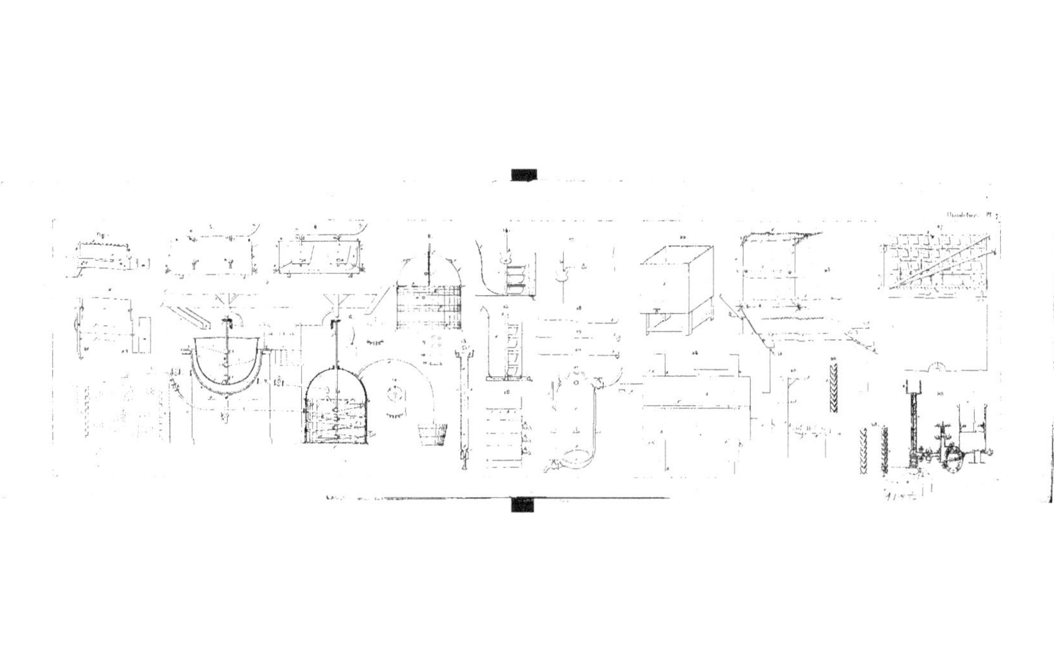

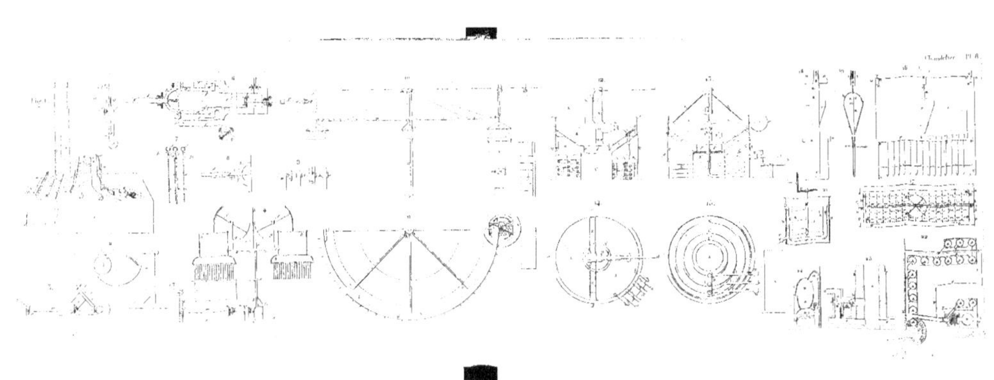

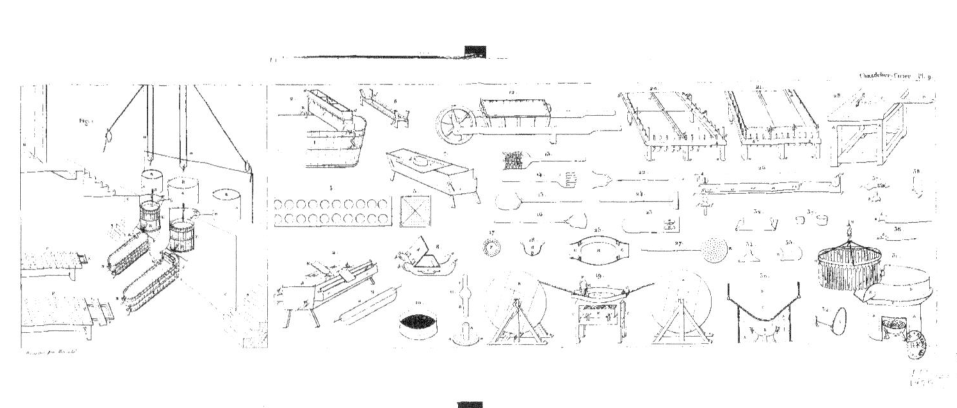